本書榮獲八十六年度行政院新聞局
評定爲「重要學術專門著作」
獎助出版

莊 子 的 道

趙 衛 民 著

比 較 研 究 叢 刊
吳 有 能 主 編

文史哲出版社印行

國家圖書館出版品預行編目資料

莊子的道 / 趙衛民著. -- 初版. -- 臺北市：
文史哲，民 86
　面；　公分. --（比較研究叢刊；3）
ISBN 957-549-056-8 (平裝)

1.（周）莊周 - 學術思想 - 哲學

121.33　　　　　　　　　　　　　86000974

比較研究叢刊　③

吳有能主編

莊　子　的　道

著　　　者：趙　　　衛　　　民
出　版　者：文　史　哲　出　版　社
登記證字號：行政院新聞局局版臺業字五三三七號
發　行　人：彭　　　正　　　雄
發　行　所：文　史　哲　出　版　社
印　刷　者：文　史　哲　出　版　社

臺北市羅斯福路一段七十二巷四號
郵政劃撥帳號：一六一八〇一七五
電話 886-2-23511028・傳眞 886-2-23965656

實價新臺幣三二〇元

中　華　民　國　八　十　七　年　一　月　初　版

比較研究叢刊總序

　　如果說二十世紀的世界是地球村時代，那麼二十一世紀的世界應是網路村時代了，地理間距的不便必將因為資訊交通的發達而被克服，科技的發展、資訊的流通，特別是網路的普及，將全球化過程急速加劇。

　　在這樣一個世界中，沒有一個國家可自外於其他國家，更沒有一個文化可以自絕於世界文化之外。面對這樣一個形勢，今天我們在走向二十一世紀的過程中，就必須有國際的關懷，全球的視野，而比較研究最足以開展我們的眼界，拓深我們的了解；通過比較，不但文化的異同得以彰顯，更重要的是我們可以擴充視野，增加看問題的不同觀點。通過這樣一個過程，我們不但可了解對方，更可以進一步在對比中深化自我的了解。知己知彼，一定大有助於我們在下一世紀中走出中國人的康莊坦途。

　　其實，比較可說是人類最基本的思維模式之一，古人仰觀天文，俯察地理，以和人文進行對比，這種認知思維活動背後就含藏著比較的成份。事實上，中國古代哲人就常常運用比較法進行思考。孔子談因革損益，就可以看成為比較思維的結果。

　　不過，到底何謂比較研究法呢？這個問題自然不是這樣

一篇短文可以詳加交代的，在這裡我們也只是略談梗概而已。從對象方面說，顯然的，比較法所涉及的比較對象，必然多於一個，才可以稱之為比較法。可是，值得一提的是，通常一談比較哲學、比較宗教學或比較文學，人們自然就會想到跨文化的比較（ Inter-cultural comparison ），如中西比較、中印比較等，而實際上近代學人在這些方面用力較多，自然也容易給人這樣一個印象。

跨文化的比較當然是比較文化研究中的重要一支，但是單一文化中的比較研究也很重要。所謂單一文化中的比較研究，指的是比較研究的對象是屬於同一文化的，然而進一步說，單一文化中的比較研究，又可依時、地、人三者分為三大類。

從時間上看，我們可以比較不同階段，如比較漢宋儒學之異同，或同一個觀念的在歷史上的不同變遷，如較論致知概念的演變等。從地域上看，我們可以比較不同地域的學風，如南北經學之異同、齊魯與荊楚文化之異同等。而從人物上看，我們可以比較不同學者，如朱陸異同，也可以比較同一個思想家的前後期的變化，如王學三變、朱熹中和說之演變等；此外，學術人物往往轉相結合成為學派，而對於不同學派的比較，當然也屬於比較研究的範疇，譬如我們可以比較天臺與華嚴的異同、儒道法的異同等等。

綜而言之，無論是跨文化的，抑或是單一文化的比較研究，從比較的對象言，所涉及的對象必然是超過一個的，這是比較研究的根本特性。當然，在邁向二十一世紀的世界化

途程中，中外比較研究還是最吸引人的。

可惜，時至今日我們總體的成績還是十分有限。有鑑於此，我們決定出版比較研究叢刊，藉著刊印人文學中優秀的比較研究論著，希望能為比較研究的推動，多盡一份心力。很榮幸的是，我們這個構想，初步已得到國內外著名學人的支持，目前這套叢刊已收集到國際著名比較宗教學專家秦家懿教授、著名神哲學家溫偉耀教授、比較哲學名家陳榮灼教授等大作，將於近年陸續出版。我們希望在將來，這套叢刊能收到更多優秀的學術論著，讓讀者一起分享高水準的好書，並從而進一步反思中國及世界的文化前程，讓人類邁向更光明的未來。

個人在治學方面，受業師勞思光先生啟導良多，勞師致力將中國哲學放在世界哲學的配景中進行研究，實為個人從事比較研究的啟蒙，適蒙思光先生七十大壽，謹以此序為頌！

丙子年八月八日**吳有能**序於台北

自　序

　　我好老莊二十餘年，只是熏習而已。老、莊的思考與道，常縈繞腦海間，也涉獵了一些相關的書籍。

　　十餘年來，較用力於西方哲學，稍覺有些可以互相顯發的觀念。近幾年為諸生講授「中國哲學史」，面臨授課壓力，溫故知新，更較為成熟。

　　在《老子的道》一書中，我總結哲學界前賢的研究成果，企圖獨自另外抉發老子哲學義理，輔以西方哲學胡賽爾、海德格、列維納斯三家來顯發老子的思路。老子沈潛堅實，文僅五千言，觀念雖深沈，細心比觀玩味之下，總算自己摸索了一條入路。但莊子飄逸豐富，文十餘萬言，觀念隨機映發，這是我原想繼研究老子後研究莊子，卻遲遲四年才敢落筆的原因。我以為老、莊同為道家，摸索過老子的思路後，瞭解莊子當更為便利，其實不然，莊子行文之飄忽眞是「一點飛花還似夢，無邊雨絲細如愁」。只感覺到老、莊的思路隱隱然有差異，但還眞是無可捉摸，不知何處入手。後來會觀老、莊同異，終於確定老子的道是在常無、常有的兩邊；而莊子重無，對有的觀念不似老子的常有，但還無法確定為何如此。

　　半年多前下定決心撰寫莊子，始從〈天下篇〉入手企圖解決這個問題，但還是恍惚籠統的，但走下去，也算有了個開始。於是我開始一一比對老、莊同異，並以西哲尼采、胡

賽爾、海德格、德希達的研究成果來顯發莊子的思路，企圖全面疏理莊子學的義理系統。

第一章〈莊子的時代及反省〉。說明莊子所處的黑暗時代，從道的角度，笑看人間的悲劇，是莊子哲學的基調。莊子以笑的哲學，為人類飄忽的命運作注腳，是第一位會發笑的哲學家。

第二章〈老莊的差異〉。說明老子以倫理學要求為第一義，莊子卻描述大道在人間的失落和在語言中的失落。

第三章〈莊子的道〉。說明莊子道的結構與無的智慧。

第四章〈當代莊學的解釋〉。以哲學界前賢方東美、牟宗三、唐君毅、徐復觀四位大家對莊子的詮釋，探討莊子研究的進路。並說明道可以與西方的存有觀念會通，從希臘的何多士（Hodos）和邏各斯（Logos），到現代的存有（Being）觀念，俱可與道的觀念相通。

第五章〈莊子的人道〉。顯發莊子對日常生活（人間世）的思路，從人的存有模式為起點，即在日常生活中使用工具開始，來說明人的真實性與不真實性，並說明道家修養工夫可以轉變成心與機心的不真實性，為真實性。

第六章〈莊子的物道〉。顯發莊子對萬物之道的思路。從工具到萬物在道中的結構，莊子的物道是物化，在時間中不停息變化，隨機而變化，並以「不材之木」來說明萬物不是人利用的工具。

第七章〈莊子的技藝之道〉。以技術與技藝的區分來顯發莊子對手的認知模式的思考，而能瞭解物性，達到「指與物化」，終而能如「庖丁解牛」技進於道。

　　第八章〈莊子的語言之道〉。顯發莊子對語言的思考，如何破解自我概念，二元對立思考，超越語言的工具觀，莊子為何以寓言為寫作方式，如何在卮言中由技入道。

　　第九章〈莊子的天地之道〉。來顯發莊子對天地的思考，解明莊子的道即渾沌、大地，風與天機等觀念，並視風為莊子所使用隱喻的意象群之旋轉軸。

　　第十章〈莊子的聖人之道〉。說明莊子對聖人、至人、真人・神人的思考，處理時間與命運，以及德與形的觀念，說明人如何在時間中變化、遊戲，並以「壺子示相」總結聖人之道。

　　第十一章〈結論〉。說明道與物之間的差異化活動，並總結以上各章之言 。

　　本書企圖全面疏理莊子的哲學，將《莊子》全書視為一系統。莊子哲學懸諸天壤，自有其脈絡，輔以西哲的觀念，其實只是需要運用其詮釋語言，可以使莊的觀念更為顯豁。西哲相關的觀念，亦自有其義理脈絡，如何擷取與莊子思想相關的脈絡，而不動搖西哲自己的思路，成為絕大的難題。為了寫小小一節，常枯坐終日，遍翻資料，搜盡枯腸，無可落筆。擷取的一小段脈絡又需鏡映西方哲學家思想的幽深，實是絞盡腦汁。但為取得運用其詮釋語言的資格，只好如苦行僧了。而莊子義理思想的豐富、哲學概念之龐雜，幾乎處處生疑，而哲學概念要定住，不可浮動，觸手皆是難題，只好耐下性子，苦力逼顯，撐架出其概念結構。詮釋莊子哲學部分自成理路，可直接讀解釋莊子哲學部份，當然也可會觀比較。

　　本書著重的是在哲學觀念的推理過程，是採取詮釋的進路，故不考證〈內〉、〈外〉、〈雜〉中各篇是否莊子所作，而視爲一哲學系統。莊子以寓言（重言）爲寫作方式，要定住其概念，疏解原文必不可免，以免概念滑動，引文的安排也多依義理的推展，頗費苦心。與前賢同者固注明出處，但只是順著自己的詮釋系統進行，枝節處，相異處就未遑一一注明或辯駁了。本書將抉發許多新的觀念，希望可以構成「當代新莊子」的視野；不過莊子做爲哲學──文學家，他豐富的觀念又未必是本文能一一道盡的，疏失之處也特請海內方家不吝指正。

　　論文寫作期間，與同事楊兄玉成教授暢論莊學頗爲投契，「烈士殉名」及「風」兩觀念是在這樣的腦力激盪中具體化。吳兄有能教授費心將全書體例統一，更將此書收於他主編的比較哲學叢書，使此書有了適合的歸宿。均於此一併致謝。

趙衛民　　八十五年六月
於國立彰化師範大學國文系

莊 子 的 道

目　次

第一章　莊子的時代及反省

莊子是中國哲學史上第一位會發笑的哲學家，也因爲他的會發笑，格外凸顯了人間的悲劇，這兩者是何等巧妙地對比。「人間世」對他是無法扭轉的悲劇，他面對這悲劇的態度是：從道的觀點，以萬物的至變，說明一切只有偶然，來超越世俗的認知。那麼對世俗認知的二元觀點有所啓示的是：偶然反成爲必然，亦無所謂希望的必然，如人生之「常」。如果有所謂生命的悲劇，那也不過就是生命本身，抗拒生命的悲劇反而無意義，以肯定的態度面對生命的悲劇，重要的倒是養生全神。對生命的悲劇如此化解，產生順應的態度；既然一切至變，人在道的至變中無所作爲，只能隨著至變遊戲、逍遙。對人間的悲劇，他有更深刻的覺醒。

第一節　莊子的時代

莊子描寫當時的世界是：「今世之爲人君者，輕用民死，死者以國量乎，澤若蕉。」（〈人間世〉）當世的人君，輕率用民至死，死者的人數如一國之衆，山澤塡滿了死屍如枯乾的草芥。「有國於蝸之左角日觸氏，有國於蝸之右角者日蠻氏，時相與爭地而戰，伏尸數萬。」（〈則陽〉）這則寓言說明國與國之間的相爭，不過是蝸之左角與蝸之右角的爭鬥，

同是一蝸，何以左角與右角相爭至此，這是對悲劇的嘲諷：人間的相爭，不過是蝸之左角與蝸之右角的相爭。人間本是一體，在這裏有悲憫的情懷。眞實的情形是：國與國時相與爭地而戰，伏尸數萬。人間的慘禍，是血淋淋的事實。他添加了幾筆描寫，血淋淋的事實就成了荒謬突梯的寓言，他的寓言就這樣揉和悲與笑。戰爭的場面固是如此，在日常生活中，「今世殊死者相枕也，桁楊者相推也，刑戮者相望也。」（〈在宥〉）橫死的人互相枕藉，帶上刑械的囚人互相推擁，臨刑而誅戮的死刑犯彼此凝望。整個人間生活，就是這樣的悲慘世界。

> 鳳兮鳳兮，何如德之衰也！來世不可待，往世不可追也。天下有道，聖人成焉；天下無道，聖人生焉。方今之時，僅免刑焉。福輕乎羽，莫之知載；禍重乎地，莫之知避。已乎已乎，臨人以德，殆乎殆乎，畫地而趨。迷陽迷陽，無傷吾行，卻曲卻曲，無傷吾足。（〈人間世〉）

這是「德衰」之世，「來世」既無法等待，「往世」又不可追憶，則只有「現世」。不論「天下有道」還是「無道」，總有「聖人」；但「現世」是無可爲的，僅求免於刑罰（免刑）。「福」比羽毛還輕，無法乘載什麼，「禍」又比地還重，不知如何避開。那麼只有不再「臨人以德」，也不要「畫地而趨」，以救濟天下爲己任了。所能希望的是，荊棘不要阻礙我的行走，歧路不要傷害了我的腳。當莊子僅求免刑，迂迴地行走於野地的荊棘間，想的正是這一無可爲的年代。

不過，「福輕乎羽」，福是無可追求的；「禍重乎地」，

禍是無可避的，莊子如何在福禍的兩端中自適？

　　《史記》〈老子韓非列傳〉中說：「莊子者，蒙人也，名周。周嘗爲蒙漆園吏，與梁惠王、齊宣王同時。其學無所不闚，然其要本歸於老子之言。故其著書十餘萬言，大抵率寓言也。作漁父、盜跖、胠篋，以詆訿孔子之徒，以明老子之術。畏累虛亢桑子之屬，皆空語無事實。然善屬書離辭，指事類情，用剽剝儒墨，雖當世宿學，不能自解免也。其言洸洋自恣以適己，故自王公大人不能器之。楚威王聞莊周賢，使使厚幣迎之，許以爲相。莊周笑謂楚使者曰：『千金，重利；卿相，尊位也。』子獨不見郊祭之犧牛乎？養食之數歲，衣以文繡，以入大廟。當是之時，雖欲爲孤豚，豈可得乎？子亟去，無污我。我寧遊戲污瀆之中自快，無爲有國者所羈，終身不仕，以快吾志焉。」[1] 其中「詆訿孔子之徒」，無非也是「用剽剝儒墨」，目的是「以明老子之術」。不過，老、莊簡單的區分，可以（〈人間世〉）前引文中「天下無道，聖人生焉。方今之時，僅免刑焉。」來區隔，老子是「天下無道」時的「聖人」，莊子當時是僅能求「免刑」，而在福禍的兩端中自適，故莊子「其言洸洋自恣以適己」。「無污我」是對時代的批判。

　　莊子視「厚幣」之利與「卿相」之祿，如同「郊祭之犧牛」，只是一「笑」置之。莊子的「笑」，是以時代的大悲劇爲背景的。時代既無所爲，故「寧遊戲於污瀆之中自快」。他

1　司馬遷《史記》，（臺北：鼎文書局，1974），pp.2143-2145。

的笑，釋去了悲劇沈重的負擔；他的遊戲，使他逍遙乎福禍的兩端。但「我寧遊戲污瀆之中自快，無為有國者所羈」。莊子如何輕鬆地超越名與利，笑就是教人遺忘！

莊子的笑，在這樣的黑暗時代，有其特殊意義。

> 莊周家貧，故往貸粟於監河侯。監河侯曰：「諾，我將得邑金，將貸子三百金，可乎？」莊周忿然作色曰：「周昨來，有中道而呼者。周顧視車轍中，有鮒魚焉。」周問之曰：「鮒魚來！子何為者邪？」對曰：「諾。我且南遊吳越之王，激西江之水而迎子，可乎？」鮒魚忿然作色曰：「吾失吾常與，我無所處。吾得升斗之水然活耳，君乃言此，曾不如早索我於枯魚之肆！」
>
> （〈外物〉）

莊子與監河侯是貧富之間的對比，莊子只要「貸粟」，但監河侯避而言說「『將』貸子三百金」，這是緩不濟急；所以莊子以鮒魚作比喻，鮒魚只需「升斗之水活耳」，但莊子卻許以將「激西江之水而迎子」，屆時鮒魚早已成為枯魚了。貧富的對比，產生對現實願望的差距。

笑，使他的行文風格成為對現實的嘲諷，凸顯出人在現實中種種荒謬與不合理的作為，使人在日常生活中的愚蠢無可遁形。這與老子「前識者，道之華而愚之始。」（〈四十一章〉）的批判是一致的；換言之，人在日常生活中的現實往往可笑，「前識」正乃是「愚之始」，莊子甚至激化下去，日常生活不僅是「愚之始」，而且是至愚了。原來，人間悲劇始自日常生活錯誤的價值觀。

第二節　價值的重估

　　莊子對價值的重估，集中在名言的討論。這裏有一條明顯的線索。老子的「道可道，非常道，名可名，非常名。」（〈第一章〉）就含著可道可名已非常（恆久）道常名的意思，這就表示了言和名的限定義，「道不能用一定概念去稱謂」[2]，這是說言和名有一定的概念性。而「始制有名。名亦既有，夫亦將知止，知止可以不殆。」（〈三十二章〉）依王弼注：「始制，謂樸散始爲官長之時也，始制官長，不可不立名分以定尊卑，故始制有名也。過此以往，將爭錐刀之末，故曰名亦既有，夫亦將知止也。」[3]「大制不割」（〈二十八章〉），在原始純樸的世界裏，原本只是大制度，還沒有分割官制，現在原始純樸已消散，首先訂立制度（始制），就產生了「名」的問題，故名是因官制的興起而有的，由官制的興起而有了尊卑的觀念，這是不得已而然的，人的知解也應停止於此，否則順此下去，就產生爭名的問題。「故失道而後德，失德而後仁，失仁而後義，失義而後禮。夫禮者，忠信之薄而亂之首。前識者，道之華而愚之始。」（〈三十八章〉）由仁、義、禮的衰降，俱是因爲「前識」，這「前識」甚至就在我們定立的「名」中，可以說在我們使用語言的根

2　牟宗三《理則學》，（臺北：正中書局，1955），p.276。

3　王弼《老子注》，（臺北：河洛出版社，1975）p.66。

源中，就已經有了尊卑的觀念。

　　莊子把一切是非，歸咎於名實的問題。在〈齊物論〉中，他說：「勞神明爲一而不知其同也，謂之朝三。何謂朝三？曰狙公賦芋，曰：『朝三而暮四。』衆狙皆怒。曰：『然則朝四而暮三。衆狙皆悅。』名實未虧而喜怒爲用，亦因是也。是以聖人和之以是非……。」把聖人比喻爲養猴者（狙公），那麼天下人盡成爲不了解名實的猴子了。不論「朝三暮四」或「朝四暮三」，這是「名實未虧」，實際上每天還是七個栗子，名也只是將朝與暮的三與四顛倒更換，實也未虧，名也未虧。只是利用猴子的喜怒而已。聖人以此名實的未虧來調和是非的爭端。不過，名實的問題不僅是聖人對天下人的問題，即使是，也不那麼容易解決。

> 且昔者桀殺關龍逄，紂殺王子比干，是皆修其身以下
> 偏拊人之民，以下拂其上者也，故其君因其修以擠之，
> 是好名者也。且昔者堯攻叢枝、胥敖，禹攻有扈，國
> 爲虛厲，身爲刑戮，其用兵不止，其求實無已。是皆
> 求名實者也，而獨不聞之乎？名實者，聖人之所不能
> 勝也……。（〈人間世〉）

　　如果因名而有了尊卑的觀念，尊卑本身也是權力的象徵。關龍逄和比干都修身而憐愛（摳拊）君主（人）的人民[4]，所以因修身違犯了桀和紂（其上），反被桀、紂所殺。桀、紂是有名無實，關龍逄和王子比干是無名有實，因名而有尊

4　王先謙《莊子集解》，（臺北：三民書局，1974），p.21。

卑的觀念就要因名責實，既有其名而無實，就「責」其無名有實，恐亂其名，這是桀、紂恐關龍逢和王子比干有其實而求名（分）的結果，而殺害了他們。如此是「好名」者也。堯和禹的攻伐叢枝、胥敖、有扈三國，因為堯和禹有其名，而要循名責實，統一天下，使這三國盡成廢墟和厲鬼（虛厲）[5]，所以「用兵無已，是求實無已」，如此是「好實」者也。如果連堯、舜這種聖人，都不能免於名實的問題，這表示（儒家）聖人也無法勝過名實問題了。

> 自三代以下者，天下莫不以物易其性矣。小人則以身殉利，士則以身殉名，大夫則以身殉家，聖人則以身殉天下。名聲異號，其於傷性以身為殉，一也。……伯夷死名於首陽之下，盜跖死利於東陵之上，二人者，所死不同，其於殘生傷性均也，奚必伯夷之是而盜跖之非乎！天下盡殉也。（〈駢拇〉）

三代以下，人性皆為了某種東西（以物）而改變，小人求利而死（殉），君子（士、大夫、聖人）求名而死；前者如盜跖（大盜）求利而死，後者如伯夷求名而死於首陽山。名聲雖然不一樣（名聲異號），不論以身殉利或殉某種價值（名），對莊子看來都是傷生害性，無須在這裏再分是非，因為天下人都是殉自己的生命於名和利。其實這兩者對傷生害性來說，皆非（一也）。

由名實問題轉到以名和利對照，以顯出名是傷生害性的，

5　同註4。

它與利的傷害一樣大，主要來自於名的尊卑觀念，已含有一套是非標準，由此是非標準，就造了兵連禍結，天下大亂。

> 聖人不死，大盜不止⋯⋯彼竊鈎者誅，竊國者為諸侯，諸侯之門而仁義存焉。則是非竊仁義聖知邪？故逐於大盜，揭諸侯，竊仁義並斗斛權衡符璽之利者，雖有軒冕之賞弗能勸，斧鉞之威弗能禁。此重利盜跖而使不可禁者，聖人之過也。（〈胠篋〉）

如果要求名實相副，「竊國」者可以囊括全國的財富（竊國），卻不受罰，因其「實」反可使他要求諸侯之名。名是權力，諸侯之名代表了權力，因為名就有了尊卑的觀念，既是尊，則「仁義存焉」。這樣諸侯也竊去了「仁義聖知」，仁義本屬（儒家）聖人的智慧，但因諸侯之名屬於尊貴的觀念，他所代表的權力，也竊去了（儒家）聖人之實。「斛者，今之函，所以量物之多少。權，稱鎚也，衡，稱梁也，所以平物之輕重也。符者，分為兩片，合而成一，即今之銅魚木契也。璽者，是王者之玉印，握之所以攝召天下也。」[6]簡言之，「斗斛」、「權衡」是衡量事物多少、輕重的標準，竊去仁義聖知，等於竊去尊卑觀念的衡量標準，循名責實，也可以有「斗斛」、「權衡」來量天下之物的實利，「符璽」是權力的印記，竊去符璽也等於竊去權力。一當聖人標舉仁義，仁義之名就代表尊貴的價值觀念，無怪乎大盜要竊其名，賞高

6　成玄英疏，郭慶藩輯《莊子集釋》，（臺北：河洛出版社，1974），p.351。

官（軒冕之賞）懲嚴刑（斧鉞之威）都不能禁止，這是「聖人之過」。二元對立的價值觀念，就是聖人標舉仁義所產生的，有名則有利，因為名代表的是權力觀念，所以名之為害也大矣。有名，就有尊卑，就有是非；有名，就有權力，就有利益。無怪乎莊子視聖人亦為一名，而說「聖人不死，大盜不止」。仁義乃是非的標準，也興起了一切是非的爭端，故「仁義之端，是非之塗。」（〈齊物論〉）這就引出了「德蕩乎名」（〈人間世〉）的結論，德是人所受乎道的天然，卻為名所敗壞。

> 言者，風波也，行者，實喪也。夫風波易以動，實喪易以危。（〈人間世〉）

如果名潛伏在語言的根源中，自然有尊卑的觀念，因為「始制」就有了「名」了，「名」亦可說是「言」，這就造成了是非的風波，風波容易動盪。而一切行為之肇始，就是當名所代表的「實」已喪失了；當實喪失了，就易遭至危險。這裏可以說，語言是最根本的行動，語言所產生的名，就是風波的來源；進一步採取行動，就是「名」、「言」已喪去了其「實」；這種遭至的危險，是「天下盡殉也」（〈駢拇〉），使天下（人間世）盡在危地。

莊子對於「名」的批判是根本的，也對儒家的仁義價值重新估量，認為仁義才是是非的根本原因。「孔子未脫『名』限，雖則他在心裏或有極合乎自然的『名』理，由於他沒有從根地認識到『名』『言』權勢的潛力，他的『正名觀』反而加強了統治者的專制行為。」[7] 由於「始制有名」，既有官制，

7　葉維廉〈言無言：道家知識論〉，收入《歷史、傳釋與美學》，（臺北：東大圖書公司，1988），p.132。

就有「極合乎自然的名理」，這是孔子的「正名觀」。但是「名」「言」俱代表權力，有「名」「言」則有尊卑的二元觀念，就是一切是非的來源。有「名」「言」就有是非，就有爭端。

> 游於羿之彀中。中央者，中地也；然而不中者，命也。
> （〈德充符〉）

天下之盡在「羿之彀中」，后羿善射，「彀」是「鵠也，的也」，「因鵠的乃宜中之地也。」[8] 天下人如同后羿的箭靶，可見生命之飄忽。「人遊於必中之地，不被射而死者，亦幸而免耳。」[9] 既然天下大亂，人人皆可說在必死之地，不被善射的后羿射中的，祇是「幸而免」的命，這表示原本必死，活著才是偶然得以倖免。不過這「游」應有更積極的含義，就是遊戲的精神。

老子對名的觀念是「名亦既有，夫亦將知止，知止可以不殆。」（〈三十二章〉）視名為「既有」這表示「名」的尊卑觀念已是不自然的，人對名的瞭解就要停止於此，否則就危殆了。莊子卻進一步視當代為「烈士殉名」的危殆之時，人間由於錯誤的觀念造成巨大的悲劇，而這錯誤的觀念就潛伏在語言的根源中；從語言的根源所誕生的悲劇是無以化解的。面對這語言所代表的權力、暴力，莊子所運用的語言策

8　高亨《莊子今箋》，（臺北：中華書局，1973），pp.25-26。

9　釋德清《莊子內篇注》，（臺北：廣文書局，1973），卷三，pp.9-10。

略是語言─遊戲，如果以暴易暴，無非產生另一種語言的暴力。莊子從名言上對一切價值重估[10]，嘲諷悲劇的誕生，逍遙於人間，不但是語言─遊戲，也是世界─遊戲。

10　此是尼采語，陳鼓應視「價值的轉換或價值的重估，實為莊子哲學的精華」。見陳鼓應《莊子哲學》序，（臺北：商務印書館，1966）。

12 莊子的道

第二章　老莊的差異

　　道家學術在先秦素以老、莊並稱。同為道家學說，老、莊究竟有沒有差別？如果概括地以道家系統來看，自然有兩家共通的道的結構；但如果不概括地看，老學系統和莊學系統畢竟有其差異[1]，然果且如此，差異又安在？《莊子》〈天下篇〉透露了線索。

　　〈天下篇〉視老子為「古之博大真人哉！」並說老子的學說是：

　　　建之以常無有，主之以太一。

　　　以濡弱謙下為表，以空虛不毀萬物為實。

　　　以深為根，以約為紀。

　　〈天下篇〉說莊子的學說是：

　　　芒乎何之，忽乎何適，萬物畢羅，莫足以歸。

　　　以天下為沈濁，不可以莊語。

　　視老子為「古之博大真人哉！」可以看出莊學系統對老子的推崇。「建之以常無有，主之以太一。」可以視為莊學系統對老子存有論的了解和消化。

1　「老莊不同道，古之學者已知之。」江瑔《讀子巵言》，（臺北：成偉出版社，1975），p.97。

第一節　老子的道簡述

㈠道的存有——宇宙論[2]構成

「建之以常無有，主之以太一」當出自老子兩段經文：

> 道可道，非常道。名可名，非常名。無，名天地之始；
> 有，名萬物之母。故常無，欲以觀其妙；常有，欲以
> 觀其徼，此兩者同出而異名，同謂之玄，玄之又玄，
> 眾妙之閒門（〈第一章〉）

> 道生一，一生二，二生三，三生萬物。（〈四十二章〉）

〈第一章〉中提煉出「無」與「有」兩個概念。「名」
則說明了人在語言上命名的力量，「無」可以命名天地的開
始（天地的開始不可說，故曰無），「有」可以命名萬物的
根源。這樣，分為「無」、「有」、「物」三層，即分為「
天地之始」、「萬物之母」、「萬物」三層。物的物化是由
有歸向無，因為「有」是作為萬物的根據，有實體義，即所
謂存有物的存有，此根據還可以「無」化，由存有物的存有
回向於無的妙用。這顯示無和有不僅是一對存有論概念，也
是存有論構成。而這存有論構成，是通過無和有這一對概念
來說明宇宙構成。

2　此觀念由牟宗三先生首出，重點在於存有論，乃「涉及一切存
　　在而為言者」，《心體與性體》（臺北：正中書局，1968），
　　p.9。

如此,「道生一」是由道生無,「一生二」是由無生有,猶如無中生出天地,天地在有的層次,故天大地大。「二生三」是無有相合而成「玄」,「三生萬物」猶如天地相合生出萬物。透過無和有這一對存有論概念的說明,道可以「生」出無,無可以「生」出天地。既然無可以生出天地,表示無不是什麼都沒有,而是「虛空」──使天地出現的渾沌。透過存有論概念的說明後,無有的辯證正是之所以「常無有」,常無就向道回歸,常有就可以見出「生」的力量,天地在渾沌中出現。但「可道可名」又非「常道常名」,這是含著對言與名的批判。

「故常無,欲以觀其妙;常有,欲以觀其徼」此句,顯然隱藏一個主詞──推想應當是老子自稱的我,這表示道家聖人可以常無,也可以常有。存有論真理可以經由實踐工夫達到。這意謂著:「聖人抱一為天下式」(〈二十二章〉),最根本的實踐工夫,是「無」,能無才能有。

㈡倫理學要求是老子第一義

「以濡弱謙下為表,以空虛不毀萬物為實」,是〈天下篇〉描述老子的聖人境界。不過,老子並不以濡弱謙下為「表」,濡弱謙下就是「實」,老子也不只「空虛『不毀』萬物」,他在「空虛」中對「萬物」還有更積極的倫理意涵。

> 致虛極,守靜篤,萬物並作,吾以觀復。夫物芸芸,
> 各復歸其根,歸根曰靜,是謂復命。(〈十六章〉)

老子的「無」化工夫,從致虛守靜做起,並且要「無」到極點,「無」得篤實。正是在這樣的無化工夫下,才能觀看到萬物並作時,萬物是自己回到自己(復)。完全無化自

己,使存有論的觀看成為可能,人與萬物的真實關係才會發生。萬物並作,萬物也回到自己,都是在存有地觀看下所發生的存有的律動。由於觀看到萬物在生發時也同時回歸自己,這種存有的律動就是回歸的律動。回歸到自己的根源,是定然地由存有來決定萬物的自己。因此,回歸到自己的根源叫做靜,也就是回歸到自己的命運。

老子的無化工夫,可以達到常無的境界。常無是存有論的回歸運動,所以常有是以常無為本。雖以常無為本,但也要發用於常有中。

> 廣德若不足,建德若偷,質真若渝,大方無隅,大器晚成……夫唯道,善貸且成。(〈四十一章〉)

道的發用廣大,善於借貸給萬物且成就萬物。人要同於大道,只有「廣德若不足」,在常有的層次要盡可能擴充。但由於以常無的層次為本,有存有論的智慧,能柔順以應物,所謂「以濡弱謙下」應物,以見到道在萬物的發用,故不是一丁一點地學習,而是「建德若偷」。由於無化的工夫即是「抱一」,彷彿使天地出現的渾沌,也就是因為「質真若渝」。這就好像大的方形,看不到其邊際,即「大方無隅」,大的容器要費時許久才能成就,即「大器晚成」。

> 善行無轍跡,善言無瑕讁,善數不用籌策,善閉無關楗而不可開,善結無繩約而不可解。是以聖人常善救人,故無棄人,常善救物,故無棄物,是謂襲明。
> (〈二十七章〉)

技藝以常無為本,而通於常有的層次。「善行」、「善言」、「善數」、「善閉」、「善結」下所接的「無」、「

不用」都代表以常無爲本，在通於常有時則無跡。而聖人之體於大道，亦如道之廣大，能即道在萬物上的發用，使人和物回到無的層次，回到自己的根源。那麼「常善救人」、「常善救物」是因聖人的存有論智慧，能觀看繁盛的萬物在各自的差異性中回歸自己的根源——「夫物芸芸，各復歸其根」，也使不能回到自己根源的人與物重新回到自己的根源中，即把人和物這樣地送回到自己的根源，自己的道中。聖人如道，要成就萬物，故「無棄人」，也「無棄物」。這樣是說，聖人對天下萬物是有倫理責任的，故如道之「衣養萬物而不爲主」（〈三十四章〉）。「善行」、「善言」畢竟是其中最主要的，「善行」猶在「善言」之前。

> 我有三寶，持而保之。一曰慈，二曰儉，三曰不敢爲天下先。慈故能勇，儉故能廣，不敢爲天下先，故能成器長。（〈六十七章〉）

聖人（我）對於天下萬物的關係，如道之化育萬物，是比擬爲母親與孩子的關係，故必須「慈」，救護萬物如母親衛護孩子，是「慈故能勇」。「儉」是表現爲珍惜萬物、護惜萬物的情懷，珍惜道在萬物的發用，「儉故能廣」正是所謂「廣德若不足」。「不敢爲天下先」正是〈天下篇〉所謂的「濡弱謙下」，無化的工夫使萬物回歸自己的根源。故而老子的道應以倫理學爲第一義，倫理學的要求應內在於他的存有論結構中，故不但不是〈天下篇〉的「空虛不毀萬物」，而是以救護萬物爲己任了。

㈢以深為根，以約為紀

老子的道根深植，以儉約爲綱紀；順著前面兩條的疏解，

已應無問題。如果「建之以常無有，主之以太一」可以視作莊學系統對老子存有論的理解和消化，卻顯然在「以濡弱謙下為表，以空虛不毀萬物為實」這條中疏忽了老子的倫理學是他存有學中第一義，倫理學正是老子的道根深植。

老子的存有論結構，以倫理的「善」為第一義，老子的「慈」正是〈天下篇〉所謂「以深為根」，老子的「儉」正是所謂「以儉為紀」。但如果倫理的善是內在於老子的存有論結構；反過來，莊學系統所了解的「建之以常無有，主之以太一」也產生了差異性。換言之，莊子的存有論結構與老子是不同的。

第二節　老莊異同

如果單以「建之以常無有，主之以太一」來權衡莊子的存有論結構，似乎沒有什麼差別。但〈天下篇〉說莊子的學說是「芒乎何之，忽乎何適，萬物畢羅，莫足以歸。」，前兩句似也適合老子，「吾不知其名，字之曰道，強為之名曰大。大曰逝，逝曰遠，遠曰反。」（〈二十五章〉）表示大道的無處不在，對於人之在此而言，大道好像正在「消逝」一樣，這種「消逝」表示大道就人之在此而言是相當「遙遠」的，大道只有就此「遙遠」之感才會真正的「返回」人之在此。對於老子而言，大道對於聖人也是如此芒惑飄忽。但是對莊子而言，「芒忽何之，忽乎何適」似另有其指。順著下引句看既是「以天下為沈濁」，此處的「芒乎何之，忽乎何適」指的是在人間的芒惑飄忽。莊子似對存有論構成並無積

極的興趣，轉而表達存在的悲感。但雖無積極的興趣，亦可
含有一套存有論構成。

㈠道在人間的失落

　　老子〈第一章〉如果視爲道家的存有論結構大綱，畢竟
是在說明無和有的雙重結構，以及道與語言、命名的關係；
莊子視之對於道的結構是基本的。但對於無、有的結構的展
開，老子是把倫理學要求也包含在內的。在「常無，欲以觀
其妙；常有，欲以觀其徼」來說，「常無」，「常有」均包
含有倫理學的要求。「常無」當然是透過「致虛守靜」的無
化工夫。這無化工夫到極點，就包含著「常有」，對於老子
來說，回歸到自己的命運叫做常（復命日常），而「知常容，容
乃公」（〈十六章〉）正是能了解萬物都有回歸自己命運的常
道，才會包容，，能包容乃可沖和萬物各自的差別性而歸於
「公」的境界。道家智慧的全部綱維，要從致虛守靜的工夫
做起，莊子的「心齋」、「坐忘」等均爲此等工夫，但老子
的「常無」就包含有「常有」的倫理學要求，對天下人及萬
物有責任，何至於如〈天下〉篇所說「芒乎何之，忽乎何適」？
牟宗三先生說〈齊物論〉一篇「對於現實人生最具『存在的
悲感』。亦猶〈天下篇〉首段，對於『古人之大體』、『道
術將爲天下裂』之慨歎，亦具存在之悲感。」[3] 徐復觀先生
也說：「莊子對當時的變亂，有最深切的領受，所以在他的
『謬悠之說，荒唐之言，無端崖之辭』的裏面，實含有無限
地悲情，流露出一往蒼涼的氣息[4]。」信不誤也。

3　牟宗三《才性與玄理》，（臺北：學生書局，1975），p.169。
4　徐復觀《中國人性論史》，（臺北：商務印書館，1977）。

　　對於人間有這種芒惑飄忽的存在的悲感，當然是無處可之，無處可適，那麼「萬物畢羅，莫足以歸」是很恰當的結論，只要握住無化的工夫，就可以超拔出芸芸萬物，那麼即使萬物全體俱包羅於自己的胸中，也無適當的歸宿。自人生的苦痛當下超拔，超出於萬物之上。莊子是能把握住常無的實踐工夫，但在常有的層面轉向存在的感受，或現實人生的悲劇意識，是大道在人間的失落。

　　另一方面，對老子而言，無和有的存有論構成亦是宇宙論構成，所以「無爲天地之始，有爲萬物之母」。既然莊子對存有論構成並無積極的興趣，對「道生一，一生二，二生三，三生萬物」的存有——宇宙論構成其中的「生」就較無眞切的實感，「道生一」即「道生無」對老子是定然的，因爲人守無只能抱其玄德，還不即是道，莊子則簡截地將道等同於無。對「一生二，二生三，三生萬物」的存有論構造，莊子並未積極地建構，換言之，他較注重向無的迴向，在向有的迴向中較缺存有論構造的層面，而偏重批判現實的層面。即向無的迴向較重。

(二)道在語言中的失落

　　莊子對於老子〈第一章〉中道的存有論大綱，著重的似只是從道與語言的關係，來展現無與有的雙重結構，比配入存有論構成時，莊子沒有「道生一」（道生無），但「一生二，二生三，三生萬物」，在莊子就變成了「一與言爲二，二與一爲三，自此以往，巧歷不能得，而況其凡乎！」（〈齊物論〉）由存有——宇宙論的構成轉成語言的存有論構成。

　　〈天下篇〉說得很清楚：「以天下爲沈濁，不可以莊語。」

天下是沈濁的，不可以有莊正的言論。老子面對的天下同樣沈濁，「師之所處，荊棘生焉。大軍之後，必有凶年。」（〈三十章〉）「天下有道卻走馬以糞。天下無道，戎馬生於郊。」（〈四十六章〉）這都表示是天下無道的時代，是不吉而凶的年代，是母馬也拉上戰場而在戰場上生產的年代，凡此皆可以看出當時的窮兵黷武。但在〈天下篇〉此處說「以天下爲沈濁，不可以莊語」，顯然是比對老子的「莊語」而仍言「以天下爲沈濁」，故此時之天下沈濁應較老子時代遠甚。

〈天下篇〉說莊子使用「巵言」、「重言」、「寓言」來描述他對道的體會，巵言充滿機鋒、隨機運轉，「重言」藉聖人以陳己意，寓言借此喻彼，這樣的風格成就的是「謬悠之說，荒唐之言，無端崖之辭」。相應於道在人間的失落，莊子行文風格的飄忽恣縱，正是他的語言之道，代表道在語言中的失落。言語是用以描述那「一」的，「一」和語言就成了「二」，語言以及以語言描述的「一」，再加上那「一」就成了「三」，由此下去「巧歷不能得」，就產生語言風格的千變萬化，如汪洋自適。

透過〈天下篇〉的線索，我們了解老、莊的存有論結構是有基本差異的，關鍵當在於老子存有——宇宙論中由無「生」有的層次，就是「一生二，二生三，三生萬物」的層次，對於莊子，只有「道者，萬物之所由也」（〈漁父篇〉）。如果「一生二，二生三，三生萬物」的層次泯沒，莊子的存有——宇宙論構成就變成「一（無）生天地萬物了」了。這樣的簡化，就是把萬物直接當作「有」了，而對老子，「有爲萬物之母」，萬物還不直接是「有」，無和有是道的雙重性。

莊子這樣的簡化，就把「有」的層面打散，直接以「無」（道）來消融「有」（萬物）了。這就是前面所說，莊子較具向無迴向的一面。不重道之在萬物之中顯現，即所謂「萬物並『作』」（〈十六章〉），而重萬物之向道回歸。

相應於在道的存有——宇宙論構成中泯沒了「有」的層面，人在實踐工夫上也泯沒了「常有」的層面，即是老子的「廣德」形態，能即道在萬物上的發用，順成萬物於「常德不離」（〈二十八章〉）的層次。這樣，事實上泯沒了老子「衣養萬物而不爲主」的倫理學要求。

以上兩段差異，使莊子有別於老子。但莊子將老子的存有——宇宙論另轉出一套語言存有論，大暢玄風，但道在語言中的失落也與老子以道出言的形態有別。

〈天下篇〉中說莊子「其於本也，宏大而辟，，深閎而肆，其於宗也，可謂調適而上遂矣。雖然，其應於化而解於物也，其理不竭其來不蛻，芒乎昧乎，未之盡者。」前段說莊子對於道的體會弘廣而通達，深遠而廣大，於道的宗趣也調和妥適，向上通達，均是就萬物的差異性一一向道回歸，而不能正視道在萬物之中發用的動力，不能正視萬物之「有」，萬物就是有，通過無向道回歸。所以莊子雖能握住「本」與「宗」的玄珠，但〈天下篇〉稱其「應於化而解於物者，其理不竭其來不蛻」，表明對老子（博大眞人）的道還有「一間未透」，「芒乎昧乎，未之盡者」也是表明他芒惑蒙昧仍有不能窮盡的地方。

另一方面，莊子無老子的「道生一」的結構，在莊子哲學中也有更積極的意涵，道即是無，道不是超出無、有之上的道體，也非二元思考與有相對的無，只是「萬物之化」。

第三章　莊子的道

第一節　道的結構

㈠道的觀念

> 夫道，有情有信，無爲無形，可傳而不可受，可得而
> 不可見，自本自根，未有天地，自古以固存，神鬼神
> 帝，生天生地，在太極之先而不爲高，在六極之下而
> 不爲深，先天地生而不爲久，長於上古而不爲老。（
> 〈大宗師〉）

這是莊子以描述性的筆法來說道。道在有無之間，無是
指無所作爲也沒有形狀，有是指它有眞情實感（擬人化）是
眞實存在。在這裏並沒有老子由無生有的存有──宇宙論構
造，只是描述地說道在無中（相對於我們眼見的萬物）還是
有什麼東西，除了它是眞實存在外還有眞情實感，老子僅說：「
道之爲物，惟恍惟惚。惚兮恍兮，其中有象，恍兮惚兮，其
中有物。窈兮冥兮，其中有精。其精甚眞，其中有信。」（
〈二十一章〉）並沒說道有擬人化的「情」。因此「情」字是
莊子對道相當積極的陳述，表示他無意於如老子對道說明其
存有──宇宙論的構成，對道較從與人的關係來論說。因爲
道之非物，故「可傳而不可受，可得而不可見」，道的傳承
也較繫於人的傳道得道而言，不像老子有道紀的開展。對老

子而言，每個時代均爲道的開展及衰退，「正復爲奇，善復
爲妖」（〈五十八章〉），每個道紀均有客觀的天道，是「正」
是「善」，當客觀的天道無力而隱退，就成爲「奇」成爲「
妖」了¹。「執古之道，以御今之有。」（〈十四章〉）「古
之道」在無的層次；「今之有」在有的層次。「御」字正表
示老子學說的積極性，以免「今之有」爲「奇」爲「妖」。
莊子則描述「古之道」：「未有天地，自古以固存；神鬼神
帝，生天生地。」無所謂道紀的展開，而只是「自古以固存」，
在一切天、地、神、鬼之前。道彌天蓋地，無所不周遍，故
「在太極之先」、「在六極之下」，道古之又古，先天先地，故
「先天地生，長於上古」。此句似有把道視爲最終的根據或
道體之嫌。

> 有先天地生者物邪？物物者非物。物出不得先物也，
> 猶其有物也。猶其有物也，無已。（〈知北遊〉）

道只是無，是相對於天地萬物的有而說無，它「先天地
生」，又能「物物」，前一物字應作動詞用，即使物成爲物，是
後一物字的動態義。道運行在物中，並使物活動，使物活動
是「物出」，這又表示道只是物的活動，故「不得先物」，
只是在物中活動，使物活動。道雖「猶其有物」，但「非物」，
對物來說是「無」。而天地與萬物的層次無差別，此段又泯
去了道體的涵義，道只是「萬物之化」。

> 道者，萬物之所由也。（〈漁父〉）

---

1 趙衛民《老子的道》，（臺北：幼獅書局，1994），p.186。

萬物所遵循的就是道，就像老子的「淵兮似萬物之宗」（〈齊物論〉），這當然是老、莊無以異的。

(二)道通為一

莊子沒有老子「道生一」的結構，而是「道通為一」，如果說「道生一」即是「道生無」，那麼莊子的「道通為一」正是「道通為無」，道即是無的層次。這樣事實上就把老子的道的結構改變了。雖然老子的道亦可以無為說，但他畢竟說了「道生一」。

老子的「道生一，一生二，二生三，三生萬物」（〈四十二章〉），「道生一」即是道生無，無也是陰，其實也是地，「一生二」是無生有，陰生陽，（地生天），成為無和有或陰和陽，此中無是地，有即天，二又是天和地。「二生三」是無有辯證之玄，陰陽沖氣之和，天地相合。故此三可以生萬物。但莊子沒有「道生一」，就只有「一生二」，而解此一為「道通為一」，這當然也是無的層次。「二」可以是無和有，陰和陽，天和地；但莊子又說是「一與言為二」（〈齊物論〉），這就是說用言語去指一，就產生了對立的概念了。那麼「二與一為三，自此以往，巧歷不能得」，自然就是生出無窮之言了。

但莊子又說「天地一指也，萬物一馬也」（〈齊物論〉）。「一」是道通為一。「一與言為二」，是言語去指一，產生對立的概念，二是天地，所以「天地一指也」。「二與一為三」是天地的二，與「道通為一」的一，成為三。但畢竟這樣的「與」，除了「道通為一」的一，在這天和地之外，還得有新增加的東西。對老子而言，三多出於二的，是無有「辯證之

玄」，陰陽「沖氣之和」，天地「相合」。此中，無和有是
人用以指道的存有論概念，從莊子說「一與言為二，二與一
為三」正是以語言存有論釋道，故可以同意老子的「辯證之
玄」。從陰陽上看，「陰陽相照」（〈則陽〉）以至「天地之
一氣」（〈大宗師〉），「通天下一氣」（〈知北遊〉），也可
以同意老子的「沖氣之和」。老子的天地「之和」，是「天
地之和，以降甘露」（〈三十二章〉），老子的「二生三」是
多出了「甘露」。莊子的「二與一為三」在「與一」之後，
畢竟二還要多出一個東西，才為「為三」，這多出的一個東
西，我以為是「風」。

　這是很奇怪的結論，表面上看來枝節，但只有通透莊子
哲學，才瞭解風的重要性。老子的天和地，是常有與常無的
兩邊，天的常有是「天之道，不爭而善勝，不言而善應，不
召而自來」（〈七十三章〉），至於地的常無，「谷神」（〈六
章〉），「水」，「居善『地』，心善『淵』（〈八章〉）等
均是。莊子有地的常無，如「南冥」、「北冥」（〈逍遙遊〉），
「淵有九名」（〈應帝王〉），但沒有天的常有，是「天鈞」
（渾沌的本然）、「天倪」（天的端倪）（〈齊物論〉），乃
至於「天機」（〈秋水〉），那麼對莊子而言，一是指地，二
是指地和天，但既然「通天地一氣」，也可以說是「大塊噫
氣，其名為風」（〈齊物論〉）了。

　莊子從語言存有論去說明道與萬物的關係，老子的「生」
的積極動力無法開展，很難積極地開展存有宇宙論。莊子不
說「道生一」而是「道通為一」，從存有宇宙論上說，一可
以是地或淵，二則是「天地一指也」，但天沒有常有的層次，所

以天是「天鈞」、「天倪」、「天機」，但還畢竟有天。二又與一爲三，應該是天地的「相合」，但既然天道不常有，如何說「相合」，就直說是「大塊噫氣，其名爲風」了。這層次的「混淆」，主要就是莊子不肯定天道的常有，這實是莊子哲學誕生的原因。二是來自一，三甚至也是來自一，自然萬物也是來自一，就沒有二之對立相合以開展的動力了。

　　但是不論有無開展的動力，莊子仍有其存有宇宙論。從「道通爲一」看，莊子沒有二的實質對待系統。老子的無和有是一對存有論概念，用以說明道的創生萬物，莊子是「一與言爲二」，言語才產生實質對待系統，這是說實質對待系統並不實際存在。一指無的話，二所多出的有就不好說，就可以直接指萬物了。一指陰的話，二所多出的陽就不好說，莫如陰陽皆是氣，陰陽的對待系統是虛說，氣才是實說。一指地的話，二所多出的天又不肯肯定，因爲對待系統總是虛說，所以莫如說「通天地一氣」，氣才是實說。二是虛說，三也是虛說，不是「天地相合」，而是「大塊噫氣」。總而言之，不論二、三都是一氣之化。這樣子，可說在莊子的存有宇宙論中是「一與氣爲二」了，然後「二與一爲三」。但又不然，莊子的一又就是氣，因爲「通天地一氣」，所以到最後，如眞正要講道如何創生萬物，只有說一氣之化，氣生二，氣生三，氣生萬物。「生」字不過是氣化而已，氣化就是萬物的物化。

　　「大塊噫氣」，大地本身就是氣化，「其名爲風」，風也是氣化。唯是氣化，可以說「天鈞」（渾沌的本然），「天倪」（天的端倪），乃至「天機」，祇是氣化的渾沌，或

如風的飄忽一現，倏爾即無。不但是一氣之化，且是氣機之轉。二與三俱是虛說，萬物不能是虛說，只能是實說，萬物直接是有，但為什麼有，氣化（無）而有。所以直接就萬物的氣化上講天鈞、天倪、天機，由天鈞講萬物氣化的渾沌，由天倪講萬物氣化是自然而有，由天機講萬物氣化的氣機（偶然性），這均是因沒有天道的必然性之故，天道只是萬物之自己，自然如此，有如「咸其自取，怒者其誰邪」（〈齊物論〉）的天籟，天道只是自然。所以二中之天是氣化，三中之風也是氣化。

　　莊子的哲學，籠罩著無的茫瀾背景，他的道就可以說是氣化[2]。「萬物一馬也」中的「馬」字，實指氣化的渾沌。針對公孫龍的「白馬非馬」，他說「以馬喻馬之非馬，不若以非馬喻馬之非馬」（〈齊物論〉），「非馬」正是馬的無的茫瀾背景，馬亦可以是如「天地一指也」的一指，非馬是非指，非指是一，是無。但「野馬者，塵埃也，生物之以息相吹也。」（〈逍遙遊〉）正指萬物之渾渾莽莽之氣，不過是「以息相吹」；萬物之息，實亦氣化。「自其異者視之，肝膽楚越也；自其同者視之，萬物皆一也。」（〈德充符〉）「異者」是萬物的差異性，「同者」是萬物的氣化。

　　既然萬物皆是氣化，各各歸於其氣化，也就各歸於其道；二是兩忘，兩忘就歸一，善與惡的兩端互忘就歸一，堯也無

2　李杜《中西哲學思想中的天道與上帝》，（臺北：聯經出版社，1978），p.166。

譽，桀也無非，所以莊子說：「與其譽堯而非桀，不如兩忘而化其道」（〈大宗師〉），或可說「兩忘而融合在道的境界中」[3]，萬物就在其差異性中氣化，於差異性中渾然一體。

「天地與我並生，萬物與我合一」（〈齊物論〉），「並生」是並生於道，也即是氣化而生，「合一」是「合一」於道，也即是氣化而一，莊子自可以說「遊乎天地之一氣」（〈大宗師〉）。原則上說：又似無眞正的一（無），而只是萬物一一氣化而「合一」，又可說「無無」[4]。

萬物由氣化而有物形，物化（物的變化）又是氣化；這不僅是萬物變化的兩端，也是生死（人）或成毀的兩端。

第二節　莊子「無」的智慧

「無」的概念若是莊子義理思想的核心，設法釐清莊子如何把握此概念，有助於凸顯莊子的道家性格。試依本書本章以下依序略解：

㈠莊子的道

——以「無」作爲道的異名，可彰顯道的無所封限，無有方所，而並非現實存有物。

「無」作爲道的別名，亦可因「無」對萬物無所指涉，給出了「道（存有）與物（存有物）的區分，這區分被稱爲

3　陳鼓應《老莊新論》，（臺北：五南圖書公司，1993），p.228。

4　傅偉勳視「無無」爲莊子超形上學的優位。《從西方哲學到禪佛教》，（臺北：東大圖書公司，1986），p.413。

『存有論差異。』」⁵而顯出道的神祕性，換言之，作爲萬物之所以爲萬物的根據，是在根據本身的神祕性。

> 古之人，其知有所至矣，惡乎至？有以爲未始有物矣，至矣，盡矣，不可以加也，其次以爲有物矣，而未始有封也。其次以爲有封焉，而未始有是非也。（〈齊物論〉）

「未始有物」即無物，即「無」，「無」與「物」顯然有其存有論差異。其次「有物矣，而未始有封」，就是物向我們顯現，而無有封限，故此向我們顯現的物，並非只是現實存在，而是正在開顯或解蔽中的物，故「有物」是「某種事情正在發生中」的「有物」。再來是物雖然有封限，是物有其差異，但此時還未落言詮：「名」只有權假性，此時尚超越名的權假性，故無是非，是非因名的對待而有。

> 夫道，有情有信，无爲无形；可傳而可受，可得而不可見。（〈大宗師〉）

有情，是道對人的開放性；有信，是道的信實性。這裏以「無」作爲描述語，道只是自然無爲，而無形狀。不可受，不可見，道即非現實存有物。有情有信是「有」，也是「某種事情正在發生中」的有，換言之，道的開放性，故可轉向「無爲無形」的「無」而可傳可得，也能「『神』鬼『神』帝」（上引後文），「無」亦可代表道的神祕、神妙。

5　Werner Marx, <u>Heidegger and Tradition.</u>（Evanston: Nor-th-western Univ. 1971），p.125.

> 泰初有无：无有无名。一之所起，有一而未形，物得
> 以生，謂之德。（〈天地〉）

此處將「無」作爲道的異名甚顯。此「無」非任何現實
存有物，故「無有」，非任何名稱可限定，故「無名」。如
果道作爲使萬物成爲萬物的根據，使萬物混同玄同，道又可
以稱爲「一」。爲了恐此根據絕對化、實體化，又以「無」
來說明使萬物成爲萬物的根據也可以無化，即「一之所起，
有一而未形」，就是唯恐「一」落入「有」的層次。因此，
使萬物成爲萬物的根據，就是「無根據」。萬物以「無」爲
根據，就是「自本自根」，也是「無本無根」；一切只是塊
然自生，而歸於沖虛的玄德。「予能有无矣，而未能无无也。」
（〈知北遊〉）所以「無」即是「一」，爲恐實體化、絕對化，
「無」和「一」仍須無化。

㈡莊子的人道

──「無」作爲修養工夫，可以達到道的境界。

莊子〈內七篇〉中，「心齋」、「坐忘」都可以說是以
「無」作爲修養工夫。

> 無聽之以耳，而聽之以心，無聽之以心，而聽之以氣。
> 聽止於耳，心止於符，氣也者，虛而待物者也。唯道
> 集虛，虛者心齋。（〈人間世〉）

此句以「無」作爲一步步收視返聽的修養工夫。「無」
在此爲遮撥義，將人的知覺活動作爲例子，首先遮撥掉感官
的知覺活動，因爲感官的知覺活動只是刹那的覺知生滅，一
連串的刺激與反應。爲了遮撥掉感官知覺活動的限制，被物
的形色所牽引，要進一步以心來聽。但心的作用，仍「止於

符」。在聽之於心時，與外物即成主客相對，知覺性的活動轉而爲認知活動，成爲表象性思考。即是以知性主體來決定對象的存在。莊子所謂「聽之以氣」，「氣」解作「虛而待物」，虛可以說是「心之虛靈」，亦即無心，則非以主體的方式去面對外物，使外物成爲對象——被主體所決定的對象。心之虛靈或無心，是在等待中，等待外物向我們顯現。而由於道的運行才使外物向我們顯現，莊子認爲「聽之以心」，可以達到道的境界。

「無」的這種遮撥義，是收視返聽的過程，而「無化」掉心的自我概念，故「氣」可說「無我」。在「無我」中，人是對著道站出來，到人與道能互相隸屬的事件中，來安立耳官、心官之用。至於人與道能互相隸屬的根據是什麼？「惟道集虛，虛者心齋」。「虛者心齋」即是氣，氣化就沒有心的自我概念，而氣化是一片虛空，道只集聚於虛空當中。

「無」的遮撥義，也含有強烈的教訓意味。此教訓意味，原是因人之習於固常，困於世俗，故闇於道；透過「無」的遮撥，可以指出人要達到與道相通，有一根本上的修養方向。至於「坐忘」雖無「無」字，但實亦「無我」。「墮肢體、黜聰明，離形去知。」（〈大宗師〉）其中「墮」、「黜」、「離」、「去」等字，均同無之遮撥義。

㈢莊子的物道

——以「無」代表物化，可以表現物化的非物，以及物化的無形。

> 有先天地生者物邪？物物者非物。物出不得先物也，猶其有物也。猶其有物也，無已。（〈知北遊〉）

　　物有始終、生死，所以物不會先天地生。而第一個物作動詞用，使物成為物的，即是使物化能夠發生的，當然不能是物，但這僅能是物「出」，且超乎有形的層次。物化就是道，在物化中停泊著天地。

　　　夫昭昭生於冥冥，有倫生於無形。（〈知北遊〉）

　　一切可見的是生於不可見的，有形的是生於無形的，「無」就可作為不可見（冥冥）與無形二義。換另一個角度說，「昭昭」與「冥冥」，「有倫」和「無形」，本身即是存有論差異，如積極地詮表，並非有一個東西曰「冥冥」與「無形」，可以「生」出「昭昭」與「有倫」。「無」甚可指「差異本身」，作為一種差異化的動力，是「昭昭」的物化，是「有倫」的物化。這「無化」的動力，是來自「昭昭」與「有倫」自己，才使「生」為可能。故「生」字是表「昭昭」之冥化，「有倫」之無形化，亦即「昭昭」與「有倫」之差異化，亦即無化。「無」做為差異化的動詞，所謂「無化」，而不是「昭昭」與「有倫」回到一個曰無的名詞情況，作為另有一根源曰「無」。故「無化」，亦即「生」，亦即差異化，亦即物化，也是萬物的歸回自己，只是自然而然。

㈣莊子的技藝之道

　　——以「無」表示超出了物的現實可用性，正是可以把物所隱藏的富饒顯露出來，這是由技入道。

　　　用之者，假不用者以長得其用，而況乎無不用者乎！
　　　物孰不資焉！（〈知北遊〉）

　　「無」所表示的正是物非現實性的不現（不用），是超過了物的現實可用性，而其「不現」也正是物的物化。技術

是在製造或控制過程中呈現事物的可用性,技藝則是把沒有呈現的顯露出來。技藝正是讓物從隱蔽中出現。以物化的無的茫濶背景,來增長其現實可用性(以長得其用),事實上物也超過了其現實可用性。

所以技藝就物來講是物化,就人來說是心齋,心齋達到忘我的層次,能「墮肢體、黜聰明」人與物才有眞實的相遇。人的忘我,始可入於物之虛,讓物以自己的方式安立。

㈤莊子的語言之道

——言說雖可彰顯道,「無」則表示言說有其限定。

「無」在字義上另含有「不」、「勿」、「非」、「沒有」。莊子使用語言的策略常是不斷的進逼、設問,以逼顯出世俗思考的自限窘境。由於「無」在涵義上的多重與豐富,要使語言保持靈動性,莊子常常使用到與「無」的字義上可以相通的字眼。這些字眼原就可以轉化成「無」的概念,也隱藏著「無」的思想,可以向「無」轉化或轉化到「無」。

在超過的言說的定向與定用,莊子以「謬悠之說,荒唐之言,無端崖之辭」發明奇趣,大振玄風,充滿詩思與哲思的意趣。莊子的文字、言說在隨機而轉中,以「卮言爲曼衍,以重言爲眞,以寓言爲廣」(〈天下〉)的方式,不外寄言出意,推陳出新,以各種言說方式來彰顯道的勝義。

> 夫道未始有封,言未始有常,爲是而有畛也……夫大道不稱,大辯不言……孰知不言之辯,不道之道,若有能者,此之謂天府。(〈齊物論〉)

道與辯,乃以「稱」與「言」的限定意義,恆在「有」的層次,故在言說以上,仍有「不言」及「不道」,「不言」實

即「大辯」,「不道」乃是「大道」。在「稱」與「言」中,使道透過固定、限定的畛域出現,而「不言」與「不道」又復超脫了這個畛域。可見出莊子言說方式的奇詭多姿,正是為了在各種可能的畛域來彰顯道,使道不致受到言說的限定。道之「未始有封」,言之「未始有常」,可直言道無封,言無常,說明道沒有封限,言說沒有常軌常則,「無」正可遮撥言說的限定。由於大道的難以稱謂,大辯者悄然歸於沈默。故言說者要歸於道的層次,即無言的層次。

> 夫言非吹也,言者有言,其所言者特未定也。(〈齊
> 物論〉)

言說非「吹」也,所謂「吹」是「夫吹萬不同,而使其自己也。」(〈齊物論〉)所以「吹」是使萬物成其為萬物的,然此使萬物成為萬物的根據,所謂「吹」是「咸其自取,怒者其誰哉?」(〈齊物論〉)是萬物自有使萬物成為萬物的,即無根據。此「自取」,是天籟義的自取,落在萬物散殊相的自然而然,即萬物憑藉著「吹」,使自己回到自己中。萬物之中,唯獨人有言說,言說使用了語言、文字,是「跡」,與吹的「冥」本有差異。「所言者」的未定,即「冥」是不可定的,言說總是落實、限定的,所以「冥」總隱於「跡」之外。道既不能透過固定的畛域出現,言說就不能拘於常軌常則。所以有言說,也有「未嘗有言說」,所以此「未嘗」的「無」,在言說的作用上,是為了顯示所言的「未定」,而保住道的無可封限。

道與言的往復辯證,可看出莊子運用語言隨說隨掃的方式,道即是「無」,言說總是在有的層次,故化有以歸無。

㈥莊子的天地之道

——以「無」表現大地的隱蔽，爲防無的概念化，大地本身仍需無化，「無」作爲無化活動是風。

夫大塊噫氣，其名爲風。（〈齊物論〉）

風是大地吐出的氣息，這正是大地之不可作爲無的概念，是大地的氣化亦即無化，而此無化正是使萬物的物化爲可能，故「夫吹萬不同，而使其自己也，咸其自取，怒者其誰邪！」（〈齊物論〉），故風是無，亦正是無化本身。

風的天機自張，隨機而作，正是道（大地的隱蔽）的天機自啓，隨機而作，此迅即而飄忽的，正是無何有。「噫氣者，豈有物哉，氣塊然自噫耳。」[6] 而此無何有，正是萬物的回到自己，是萬物自取的物化活動，所以「怒者其誰邪！」

野馬者，塵埃也，生物之以息相吹也。（〈逍遙遊〉）

風是大地的無化，而此無化是除了萬物之自化，不復別有一物，曰風曰無。故萬物之自化，是萬物之「以息相吹」，如「野馬」揚起「塵埃」，而此萬物之自化，即是渾渾莽莽的渾沌，這即是「天之正色」（〈逍遙遊〉）

㈦莊子的聖人之道

——以「無」代表生前死後，啓發在人生有限性中對無的思考和實踐，即人與道相通的奧秘。

以生爲脊，以死爲尻，孰知生死存之之一體者，吾與

6　郭象注，見郭慶藩《莊子集釋》，（臺北：河洛出版社，1974），p. 46。

之友矣。（〈大宗師〉）

　　人生存在是朝向死亡，人生是來自「無」而歸向「無」，而死亡是空無的聖殿，回到存有的隱蔽，只是人在時間中的變化。對無的思考和實踐可以解去在俗情中哀死樂生的倒懸之苦，而相應著時間運行去變化。

　　「無」亦即人與道相通的奧秘，而爲豐富的無盡藏，使人可以無限地享受、優游。

　　　　无爲名尸，无爲謀府，无爲事任，无爲知主。體盡无
　　　　窮，而游无朕。（〈應帝王〉）

　　以四個「無」字來強調「無」實莊子的中心義理思想。以此四「無」作爲基礎，是至人體驗到道的豐富無盡藏，得以在形跡之上優游於無朕，實即人與道相通的奧秘。「體盡无窮，而游无朕」即是「逍遙」的境界，故「無」實爲至人得以逍遙遊的根據。

　　　　夫列子御風而行，冷然善也，旬有五日而後返。彼於
　　　　致福者，未數數然也，此雖免乎行，猶有所待者也。
　　　　（〈逍遙遊〉）

　　風不是別有一物而可待，若視風爲別有一物爲可待，則「猶有所待」，故「御風而行」也正是待風而行，雖免乎行，但尚未達到眞正的逍遙（彼於致福者，未數數然也）。要達到眞正的逍遙，要「無待」，逍遙遊的境界正是無化的終極境界。只有在無化中，「至人無己，神人無功，聖人無名」，才得以逍遙。

　　「北冥」之鯤化而爲鵬。冥者極也，極者玄也，然此依

然是依賴「扶搖」（風）與「海運」（風潮）而猶有所待[7]，故產生「小大之辯」（〈逍遙遊〉）。只有至人才是「御六氣之辯（變）」之無辯，只因至人的無待，是「無己」，「無功」及「無名」而自己回到自己，才得以游乎無窮。

「壺子示相」中之深淵，淵者實深不可測也，此為道的豐富無盡藏。

---

7 宣穎註：「海運扶搖六息（按即六月氣盛），都是說風，卻不曾露出風字。」《莊子南華經解》，（臺北：宏業書局，1977），p. 11。

第四章　當代莊學的解釋

　　爲了對莊子的道能有一清晰的入路，我們可經由當代莊學的解釋稍作一釐清及比對，一方面可明前賢的莊子研究成績，一方面也可作爲試探莊子的道的進路。

　　本章中不擬列舉一切當代莊學的研究成果，而是由幾位較富於哲學性演出的大家，作爲當代莊學的詮釋範例，而試由此尋找出莊子的道的可能進路。

第一節　道是否爲實體義

　　對老子而言，無和有是道的雙重性[1]。「無名天地之始，有名萬物之母。」（〈第一章〉）就有的層面上，可以說是萬物之實體義，自萬物之有形而返說到無形之「有」作爲萬物的根據。就無的層面上不可說是萬物之實體義，不可作爲萬物之根據，故只能說是「天地之始」，是從「無形之有」進一步返說到「空無」之無[2]。當然關鍵在於：如何由「空無」

————————————

1　牟宗三《中國哲學十九講》，（臺北：學生書局，1983），p. 135。

2　唐君毅有「空無」及「無形」二義，《哲學概論》，（臺北：學生書局，1975），p.713。

「生」出「無形之有」，從無中「生」出宇宙萬有的「生」字如何解釋？「天下萬物生於有，有生於無。」「天下」是所謂「人間」，此句之實義即等於「萬物生於有，有生於無」。如果就道之在有的層面，始可言實體義，始可言創生萬物的意涵，就道之在無的層面，不可言實體義，就無所謂創生萬物。對當代老學而言，道是否為實體的問題，是老學詮釋主要的關鍵；就老、莊之相承，也是個重要的線索。故列之如下：

㈠〈道之雙迴向〉

方東美先生的「道之雙迴向」之說，是同意道有實體性及非實體性的兩個範疇。

> ……根本哲學上的兩個範疇。一個是『有』，這是純粹本體論的題材。第二個是在『有』之上的『非有』或者『無』，拿這個基本概念，在本體論上建立一種超本體論。[3]

方先生非常清楚「有」是「純粹本體論的題材」，是西方傳統形上學的題材，故視道家勝場的「無」是「在本體論上建立一種超本體論」。但道之雙迴向，即表示一方面，「把已經『有』的東西一層一層剝掉。然後讓精神向上面發展、向上面超升……從本體論這一面看起來，已經是由無而至有，找到一個根據地以後，再自有而大有。」[4] 方先生以「超本

3　方東美《原始儒家道家哲學》，（臺北：黎明文化公司，1983），pp. 168-170。

4　同註 3，p.236。

體論」解決了實體的問題。

㈡〈境界形上學〉

牟宗三先生也意會到道家的「無」不可以有西方傳統形上學的實體義。

> 並無一正面的實體性的東西曰「無」，而可以客觀地〈存有論地〉生天地萬物……故「無」一遮詞所顯示之正面意義，只是「自然」，而「自然」仍是一種境界。故無實物可指，不可說不可說，非名之所能定，非稱之所能謂。[5]

牟先生在此明「無」與物有其差別，「無實物可指」。其實「有」既為「萬物之母」，有已與萬物有別。但牟先生意識到無不是實體，故只是一「遮詞」，遮有為造作而顯的「自然境界」。牟先生又以無「不可說不可說，非名之所能定，非稱之所能謂」，而視「無」為超越名言概念以上。既為超出名言概念以上，即為「遮詞」，遮有而顯。「有」可以客觀存在地（存有論地）生天地萬物，但無不行。故此他規定道家的「生」無積極義，只是通過無為的實踐工夫，所達到的境界。

㈢〈實有形態的形上學〉

徐復觀先生所意識的道卻是實體義。

> 老子的所謂的道，指的是創生宇宙萬物的一種基本動力。我不稱為「原理」而稱為「動力」，因為「原理」

5　牟宗三《才性與玄理》，（臺北：學生書局，1975），p.140。

是動態的存在……形容道的特性的「無」……即是超現象界
的「無」。[6]

徐先生視「無」是「超現象界」，故道應可視爲實體，
道既可以創生萬物，則又不僅是「原理」，而是「動力」。
道之爲現象界的動力，是現象界動力的根據，此又不脫亞里
斯多德四因說的動力因，是典型西方傳統形上學的實體義。
徐先生並未自西方傳統形上學觀點來衡量老子的存有論，只
是順著老子本文講「無，爲天地之始，有，爲萬物之母」來
講道創生萬物，故道成爲一切動力的原因——基本動力。這
是實有型態的形上學。

㈣〈無之二義〉

唐君毅先生曾就道是否爲實體的看法中提出無之二義。

> 一者此「無」即是同於空無之「無」。一者此「無」
> 並非空無之「無」，而唯是無形之義。此無形，乃所
> 以狀一形上之有。……即萬物之本原……此乃實有一
> 物混成，爲天地之始。[7]

此乃無即「無形」之義。但此中「此無形，乃所以狀一
形上之有」，「形上之有」即「有爲萬物之母」的「有」，
此「有」原本即是無形，故說無即無形，根本上即與有的層
面上相混擾了，道在有的層面上即無形之義，可作爲「萬物

6　徐復觀《中國人性論史》，（臺北：商務印書館，1969），p.
　　329。

7　同註 2。

之本原」，而不能說是「天地之始」。可見以道作爲實體義，只是在有的層面上說，而無見於無的層面。

唐先生關於「空無」一義怎麼說呢？

> 以此空無之無，托顯出其中之一切有，皆憑虛而立，御空而行，而皆自有、自因、自然、獨化，前有、後有，互不相生，此有彼有，彼此無待，皆無故而自爾。如天上繁然眾星，各居其所，各是其所是，然其所同以太虛之無，爲託寄之所，而託實無託，寄亦無寄。
> 8

文中「此有彼有」，如「天上之繁然眾星」，指的雖仍是萬物，並不是萬物之「有」，但重點在「自有，自因、自然、獨化」，並「同以太虛之無，爲託寄之所」，就是萬物在自己的「有」中是自己有其自己，沒有使之如此的原因，而是自己使自己如此者，這種自己使之然就是「自然」，只有自己歸向自己才得其「獨化」。這樣所謂「空無」即是「自有、自因、自然、獨化」，指出了萬物如何向道的無的層面回歸。此「空無」一義，即超出了實體義。

由以上比列，可以見得方先生與唐先生較能兼顧道的雙重性；方先生提出本體論與超本體論，唐先生提出無形及空無二義，能正視道在有和無的兩個層面。如果就老子所言「無爲天地之始，有爲萬物之母」，這無和有的存有論構造，是宇宙論地必然的，有必須通極於無，無也要向有伸展，這

8　同註2。

就是方先生所說的雙迴向。那麼道之實體義，只在有的層面上論說，實際上就無視於無的層面了。牟先生知道由道之實體義解說道如何「生」天下萬物的困難，故轉向修道者的主觀境界來說明老子的道，那麼道的存有論構造是虛說，境界型態的形上學才是實現，是修道者所達到的境界以證成道之「生」天下萬物了，他心目中的道畢竟還是實體義。不過道的存有論構造畢竟與修道境界相對應，牟先生對修道有相當警策的入路。徐先生以實有型態的形上學入手，在解說道的存有論構造時畢竟會遇到困難，例如解「道生一，一生二，二生三，三生萬物。」（〈四十二章〉）時，「道生一」就是由無生有，「老子所謂的『一』，我認爲與……『有』，是屬於同層次，同性質的觀念。」[9] 而「一生二」的「二」，「我以爲『二』或者是指天地而言」[10]。其中，「二」指天地，是徐先生的貢獻，但順其理路而觀，成爲「無生有，有生天地」就明顯有違「無爲天地之始」的經文了。

㈤〈純現象主義〉

由當代老學詮釋的道之是否實體義的問題，目的在逼顯道之雙重性的存有論構造，以尋求莊學研究的正確入路。以唐先生的看法，莊子的道要從「純現象主義」來詮釋。

> 而現象亦現即現，不現即不現。其「現」，不排斥其
> 先與其後之「不現」，其先與其後之「不現」，亦不

9　同註 6，p.333。

10　同註 6，p.335。

排斥當下之「正現」。故純現象主義，能任順現象之
任何變化，任順任何種現象之呈現於前，與其無定限
之更迭，而無所執定，無所期必，無所沾戀，無所排
拒，，而皆加以承受。吾人亦可說純現象主義的態度，
爲一純承受之態度，其宇宙觀或世界觀，爲純承受所
遇之現象，而如其所如而觀之之態度。[11]

由唐先生此說，道的存有論結構可現象學地觀之，現象
學亦即是存有論的，「不現」與「正現」即是無與有的雙重
性。而修道者相應於道的存有論結構，能「任順任何種現象
之呈現於前，與其無定限之更迭」，換言之，任順現象由有
至無及由無至有，即現象的變易。這套修養工夫是對一切現
象「無所執定，無所期必，無所沾戀，無所排拒，而皆加以
承受。」

對道的現象學觀法，是唐先生晚年定論。

至於當代西方哲學家，則胡賽爾之現象學，爲知此純
相界意義界之存有，而更有現象之歸約之方法以示人，
以入於此界之觀照。……海德格雖以人正存在爲所對，
然存在之意義之自身，亦可升入觀照境而論之，而超
於一般所謂存在之上也。[12]

由此，則由胡賽爾和海德格的現象學，應可進一步詮釋

---

11 同註 2，p.688。

12 唐君毅《生命存在與心靈境界》，（臺北：學生書局，1977），
p.553。

道的存有論結構。我曾以此兩家的現象學作爲基型，研究老子的道，分爲人道、物道、天地之道、聖人之道及道體本身來談[13]。由現象學方法，可以避開道是否爲實體的困難，而另開一理路；莊子的道，自亦可由此兩家以明之。

第二節　當代莊學的進路

㈠超脫解放之道

方東美先生由「偏見」入手，談莊子的超脫解放之道。

> 夫偏見者，深入人心，執去而後悟生，精神上乃得眞正之超脫解放……故倡「喪我」、「復眞」，以對治之。……須經歷三大步驟。第一、「自我」一辭，其意指之曖昧性必須澄清之，始能決定何者當喪，何者當復。第二、語言之爲用，固在於藉以探究表相與眞實之確定，故必須洞識其性質及其限制。第三、實質相待性之理論必須安立而說明之。[14]

談「偏見」即所謂去執，去執即「喪我」，然此執亦在於語言「其性質及其限制」，這無疑說莊子涵有一套語言哲學。在盡去執著與偏見後，方可「悟生」，成爲至人。

牟宗三先生認爲莊子與老子沒有內容上的差異，是從主

13　趙衛民《老子的道》，（臺北：幼獅文化公司，1994）。

14　方東美《中國哲學之精神及其發展》，孫智燊譯，（臺北：成均出版社，1984），pp.193 - 195。

觀境界講進去的「境界型態」。

> 人能自覺地作虛一而靜之工夫，以至聖人或至人之境
> 界，而大鵬尺鷃，乃至草木瓦石，則不能作此修養之
> 工夫。故『放於自得之場，逍遙一也』，此一普遍陳
> 述，若就萬物言，則實是一觀照之境界。即以至人之
> 心爲根據而來之觀照，程明道所謂「萬物靜觀皆自得」
> 者是也。[15]

此「虛一而靜」的工夫，無外乎老子「致虛極，守靜篤」
的道家實踐工夫，牟先生是就此實踐工夫所達到的化境──
「以於聖人或至人的境界」，由主觀境界所達到的「逍遙」，
而對萬物有「一觀照之境界」，而看萬物莫不逍遙──「逍
遙一也」。換言之，由主觀境界的逍遙保證萬物的逍遙。

徐復觀先生認爲莊子的心乃是問題的關鍵。

> 莊子對於心的警惕，特爲突出，主要原因，是因爲「
> 知」的作用，是從心出來的。而知的作用，一則擾亂
> 自己，不合養生之道；一則擾亂社會，爲大亂之源。
> [16]

此「知」亦如方先生所謂「執」，與偏見亦通，爲「大
亂之源」，那麼「對於心的警惕」，即是如何超出此知此執，即
是「養生之道」。

唐君毅先生認爲莊子的思想核心，在從人心中超拔。

15　同註 5，p.182。

16　同註 6，p.380。

> 其（莊子）思想核心，在其對人心之認識，而對其人
> 心最重要之認識，則初在其見得人心中「行盡如馳」
> 「憧憧往來」之念慮之「莫之能止」，而致此心之「
> 芒然疲役」。遂知莊子之所求，初即不外求其心，在
> 此等行盡如馳之念慮中超拔。[17]

唐先生視莊子見到人心中種種「念慮」無法停息下來，
所謂「行盡如馳」「憧憧往來」，而「求其心」「在念慮中
超拔」。

諸家在莊學中的進路，首重者倒不在於莊子之道的存有
論結構，而重在從人心中超脫解放。這表示確有體會莊子對
道的存有論結構，不似老子般著重。那麼對莊子重要者，只
有如何從日常種種念慮、偏見中超拔，成為真人、至人、神
人、聖人的問題。至其極，如牟先生所言，道的存有論結構，是
繫於至人或聖人所達到的境界，一逍遙，一切逍遙；道的存
有論結構在此沒有一點地位。徐先生更說：「道家的宇宙論，可
以說是他的人生哲學的副產物……。所以道家的宇宙論，實
即道家的人性論。」[18]人性論是最主要的，宇宙論是「副產
物」，這就如牟先生所言，是主觀境界的形上學了。

㈡至人之道

當諸家對老子的道還注重討論存有論結構，或至少這還

---

17 唐君毅《中國哲學原論　導論篇》，（臺北：學生書局，1986），p.
126。

18 同 6，p.325。

是一個重要的問題，到了莊子的道，卻變得不重要了。對老莊的異同，唐先生有一段重要的評議。

> 莊子之學自始至終，乃一爲人之學，而歸於一人之成爲眞人、至人、神人、聖人之道之陳述者。此與老子之言道，始于法物勢中之道及地道，更及於天道之能容公，方返至內在之修道之功者，顯然異趣。老子之修道之功，要在以虛靜柔弱自處，以凝翕其精神，以契生而不有之玄德，而以無爲無不爲之道治天下。此亦不同于莊子直下先標出一爲人之理想，更即以調理其生命之心知爲工夫……。[19]

由於莊子「直下先標一爲人之理想」，此似是牟先生「境界形上學」之所本。而「以調理心知爲工夫」又是方先生、徐先生、唐先生共同視爲莊子之道的核心。所以唐先生直下斷語：莊子的道是一「爲人之學」，求如何「成爲眞人、至人、神人、聖人之道」。此段言老子的道，說「始于法物勢中之道及地道，更及於天道之能容公」，其實也未必如此，老子展示道的存有論結構，必含有物道、天地之道的展示，物道及天地之道也有獨立自足的存在意義，是在人致虛守靜的實踐工夫中，始能得「見」。初不定然是「法」，首先要得「見」。不過此文似乎點出了莊子對道的存有論結構，較無如老子的積極展示。至於老子之「修道之功」，只從致虛守靜上說，

---

19 唐君毅《中國哲學原論　原道篇》，（香港：新亞書院研究所，1973），p.401。

莊子亦未有所不同；所以牟先生說老子「致虛極、守靜篤」一章，是「道家實踐工夫的總綱維」[20]。故在實踐工夫的入路上，老、莊無以異。但在道的存有論結構上，由於莊子較無積極地展示，沒有「道生一，一生二，二生三，三生萬物」的存有宇宙論構架。對莊子，道就是一就是無，萬物向道迴歸，所以莊子無「道生一，一生二，二生三，三生萬物」的存有論構架，「生」的積極動力無法展示，則在老子的道的「有」的層面上有所不足，而向無（道）的層面迴歸，就成為「道者，萬物之所由也」（〈漁父篇〉），直接是道與萬物的問題了，莊子畢竟還是有一套道的存有論構架。相應這樣的存有論構架，人的修養工夫就是如何直接與道合一而成為至人了。

透過以上展示，莊子的道應有人道、物道、天地之道、聖人之道幾層面。另外依方先生的說法，莊子有一套語言哲學，可稱為語言之道；莊子對由技入道，舉例多方，也可稱為技藝之道。

第三節　莊子與西方哲學

為了將莊子的道，對題地展開，本書嘗試以中西哲學會通的方式來研究。西方哲學是否有與莊子相對應的觀念，足以深廣顯發莊子的哲學，成為本書所著重的方向。

㈠康德的反省判斷

20　牟宗三《現象與物自身》，（臺北：學生書局，1975），p.430。

　　如果從當代哲學界依西方哲學家來顯發莊子的哲學觀念，較能明確對照的，有幾個方向。首先依照牟宗三先生的意見，莊子的心齋，坐忘等工夫，可以與康德《判斷力批判》（Critique of Judgement）中的反省判斷（Reflective Judgement）相會通。

> （認知判斷與道德判斷俱是決定判斷。認知判斷決定外物之質量與關係，道德判斷決定吾人行為之方向，由定然命令而表象者）。而道家之創生性卻類乎康德所謂「反身判斷」（按，即反省判斷）。審美判斷是無所事事，無所指向的品味判斷（judgement of taste）。故決定判斷亦可曰有指向的判斷，反身判斷亦可曰無指向的判斷。故道家之主體可以開藝術性關鍵即在此。[21]

　　此段解「道家的創生性」，主要是疏理莊子〈人間世〉中「……夫徇耳目內通而外於心知，鬼神將來舍，而況人乎，是萬物之化也，……」等一段經文，是從莊子的心齋、坐忘之義，來說「萬物之化」，這是所謂「道家的創生性」。既然心齋、坐忘亦即〈齊物論〉中所謂「喪我」，無論從「吾人」之主體或從「外物」之對象而言，俱無所決定，故牟先生說這是「無指向的判斷」，所謂「無所事事，無所指向的品味判斷」。

21　牟宗三《智的直覺與中國哲學》，（臺北：商務印書館，1969），p.209。

　　不過，康德事實上在反省判斷中又「巧妙地」引進了決定判斷，他稱爲「目的論判斷」。康德說：「……我們將設計地（disignedly）作用的原因，提供給自然，而結果把目的論放在自然的基礎上，不僅對只是現象的判斷（自然對此能在其特殊法則中被思考爲主體）作爲一規範原則（regulative principle），而且作爲從自然的原因中衍生其產物的構成原則；那麼自然目的的概念將不再屬於反省判斷，而屬於決定判斷。那麼事實上，它將不再特別屬於判斷（像美的概念被視爲形式的主觀合目的性），而作爲理性概念，將在自然科學中引進新的因果性，那是我們從我們自己借來而歸給其他事物，而不意謂假定它們是與我們相同。」[22]判斷原只是反省判斷，可以產生「美的概念」，這自是牟先生所謂「無指向的判斷」。但目的論判斷則「不再特別屬於判斷」，而目的論是「作爲理性概念」，意謂著從人類主體（我們）借來而歸給自然，所以自然亦可被視爲、「被思考爲主體」。而以此，理念在（對象的）認知使用中原只是規範原則，現在既然已將理念（即目的論）「放在自然的基礎上」，又可作爲自然的構成原則。這就是對自然有所決定，而且是由人的理性概念來決定，這就有決定判斷的意味。

　　康德說「從未假定它們（指自然）與我們相同」，故此決定判斷只能是一種意味。但此意味，是將自然思考爲由理

22　Immanuel Kant, <u>Critique of Judgement.</u> Trans. by J. H. Bernard, (U. S. A. : Macmillan & Co. 1892), p.261.

性概念構成的，亦所謂由「主體」所構成。其實莊子的心齋、坐忘亦正是要無掉這主體，才正是所謂「喪我」，就不能說對自然有所決定，或由我（理性概念）來構成自然。牟先生的莊子學，在中西哲學會通上跨了艱辛的一步，但並未對題地解釋「萬物之化」，即自然就自然本身來看，這自是從與莊子會通的角度來看，康德學自有其局限。

㈡胡賽爾的純粹意識

其次是徐復觀先生的意見，莊子的心齋、坐忘等工夫，可以由胡賽爾現象學還原的觀念來詮釋。

> 莊子忘知後是純知覺的活動，在現象學的還原中，也是純知覺的活動。但此知覺的活動，乃是以純粹意識為其活動之場，而此場之本身，即是物我兩忘，主客合一的，這才可以解答知覺何以能洞察物之內部，而直觀其本質，並使其向無限中飛越的問題。莊子更在心齋之心的地方指出虛（靜）的性格，指出由虛而「明」的性格，更指出虛靜是萬物共同的根源的性格，恐怕這更能給現象學所要求的以更具體的解答，因為是虛，所以意識自身的作用（Noesis）和被意識到的對象（Noema），才能直往直來的同時呈現。[23]

純粹知覺，就是純粹意識，冠以純粹之名，乃是強調知覺或意識的活動。就我或主體來說，是純粹知覺的活動，但

---

23 徐復觀《中國藝術精神》，（臺北：學生書局，1966），p. 79。

此時純粹知覺的活動，卻以「意識作用」爲「活動之場」。
純粹意識就是意識作用或活動。「被意識到的對象」包含於
「意識自身的作用」中，故純粹意識可以與對象一起呈現，
由此角度上說，這是「物我兩忘，主客合一」。兩忘是在「
意識作用」中兩忘，合一是在意識作用中合一，那麼對象也
是在意識中呈現。

對象如何在意識中呈現呢？「不接受它（對象）的存有，
我們將這知覺的事實改變爲純粹可能性，在十分可以選擇的
純粹可能性中的一個——但是是可能知覺的可能性。……正
作爲幻想的『可想像性。』」[24]「幻想」是將「知覺的事實」
改變爲「純粹可能性」，即就對象不是只呈現給知覺的對象
可能性來看，此時對象作爲「可想像性」，是繫於意識主體
的「可想像性」。雖然意識主體已化歸於純粹意識的作用，
但畢竟「不接受對象的存有」，那麼反過來，是對象要接受
（意識主體之）「幻想」，對象在「可想像性」中成爲「純
粹可能性」。

徐先生正確看到：莊子的心齋、坐忘工夫與胡賽爾「現
象還原」有其相似，說心齋時的心有「虛的性格」，但這仍
然只是歸於胡賽爾的純粹意識，不能免掉意識主體之作用。
雖然他指出「虛靜是萬物共同的根源」，這已進一步接近「
萬物之化」的問題，但萬物之虛靜是由人心之虛靜帶出，而

24　Edmund Husserl, Cartesian Meditation. Trans. by Dorion
　　Cairns.（Netherland : Martinus Nijhoff. 1973），p.70.

且萬物之化是很難由萬物之虛靜一語概括詮釋的。依胡賽爾學，很難避免由主體概念來詮釋（自然）萬物的立場，也就無法避免康德的由理性決定自然的立場。

第四節　道與存有

前述諸家均有深度透視，但對道的觀念較未集中與西方哲學觀念會通比較。系統地將莊子的道與西方哲學觀念相會通的，有鄔昆如先生。鄔先生追索道的概念，是從易經、孔子、老子，直到莊子的歷史演變；並以帕門尼底斯（Parmenidis）的路（Hodos）概念，以及赫利克拉圖斯（Heraclitus）的言語（logos）概念，來比較與莊子的道的概念之異同。

鄔先生追索Hodos及logos的諸多意涵，並指出：

> 帕米尼德斯的思想中，存有和非存有永遠是在同一的思想原則下；思想去想存有，也同時想到非存有；非存有就是虛無。問及存有時，其外延總概括了非存有；這麼一來，問及存有的問題總是問及全體，而且還衝破全體的界限，而走向存有本身。[25]

> 「存在」（按，即存有）是由一切存在物所抽象出來的最高概念，（赫利克拉圖斯的）「羅哥士」是觀察

25　鄔昆如《莊子與古希臘的道》，（臺北：中華書局，1972），
　　p.115。

「萬物流轉」所得出的最終法則；這法則與概念的相互關係，造成了「羅哥士」本質的闡明；因此，「羅哥士」概念已經走出了「關係」的相對性桎梏，而進入了絕對的「存在」範疇中。[26]

鄔先生對帕門尼底斯的路概念與赫利克拉圖斯的言語概念的探索，指出了這兩者均是存有的概念，且適合用來討論莊子的道的概念。

十餘年來，國內哲學界頗有學者以海德格的存有學闡發道家的道的概念，但多為單篇論文。已逝的傅偉勳先生嘗試比較哲學的試探，是將海德格與道家作比較，並未系統地論述，但有大系統比較的掃描。

海德格是西方存在（有）論史上第一位發現到「無」的深意，突破傳統的「『無』是『有』的缺失，亦即『不存在』」的膚淺說法，而深一層地理解之為「『有』的隱藏不顯」。同樣地，老子亦云「故無，欲以觀其妙（隱祕）；故有，欲以觀其徼「（顯跡）」，似仍假定「有」與「無」（彰顯與隱藏）背後的道體或道原。……莊子跳過老子而徹底揚棄有與無，或有名與無名的二元對立，以「無無」或「至無」超形上學地解消所謂「道體」或「道原」。[27]

---

26 同前，p.210。

27 傅偉勳《學問的生命與生命的學問》，（臺北：正中書局，1994），p.104。

　　海德格與老子是否假定「有與無背後的道體或道原」，可以另說，但說莊子跳過「二元對立」，就含著莊子的道可以與德希達的解構思想相提並論了。

　　較有系統進行深度比較的，是陳榮灼先生，有《海德格與中國哲學》英文專書，其間可以說已解明了海德格（甚至老、莊）是否「似仍假定有與無背後有一道體或道原」的問題了。

> 他（海德格）要求我們不要思考存有爲存有物的根據……而是存有到處顯示自己爲無根的（non-ground）……首先，如果道家的思考方式本質上是非形上學的，那麼無不能設想爲存有物的根據……第二，如果無在道家義中不同於虛無的絕對，那麼無不能獨立於存有物。[28]

　　如果以存有作爲存有物（萬物）的根據，那畢竟是「有」，如果「無」以此方式設想，必仍落在西方形上學傳統中。因此存有即無，「到處顯示自己爲無根的」，這樣無不是「無與有背後的道體或道原」，只是相對於有（作爲根據）的二元思考，或存有物而說無。更重要的，是陳先生指出「無不能獨立於存有物」。那麼無和有作爲道的存有活動，使存有物隱蔽（無）與解蔽（有），更足以詮釋存有在存有物中的活動，也正是存有物的物化，而這正是莊子所說的「萬物之化」了。

28　Wing-Cheuk Chan, <u>Heidegger and Chinese Philosophy.</u>（Taipei : Yeh-Yeh, 1986），p.128.

　　沈清松先生曾將老子的虛靜工夫（通莊子的心齋、坐忘工夫）與胡賽爾的本質直觀比較，說明老子的本質直觀，較近於海德格的任其存有的態度[29]。另外如張隆溪也從比較文學的詮釋學觀點，比較道家的道與西方的邏各斯觀念，是廣泛地自西方形上學到解構主義。[30]目前國內的海德格學方興未艾，臺灣的項退結先生、陳榮華先生，大陸的幾位學者都有專書申論，國內的文學批評界如葉維廉等先生也將海德格哲學甚至德希達解構哲學與道家專文比較；都促成了本書以海德格哲學爲中心，環繞著其前（尼采、胡賽爾）及其後（德希達）的西方哲學；來與莊子哲學作比較會通，試圖推進莊子的詮釋系統了。

29　沈清松〈老子的知識論〉，收於《哲學與文化》二十卷一期。

30　Longxi Zhang, The Tao and the Logos. （Durhom: Duke Univ. 1992）.

第五章　莊子的人道

　　所謂人道，是從道與人的關係，人對道的了解，開始談。

　　由此進路，老子提出「前識觀」：「前識者，道之華而愚之始。」（〈三十八章〉）薛蕙註此條云：「前識，猶言前知。前識未必非道，而乃道之華也。非以爲愚，，而乃愚之始也。」[1] 人對道之前識，亦即「前知」，這可以說人對道有先在的了解（pre-understanding），但這先在的理解，既是「先在」，就無關乎「智」，只是「道之華」，這表示已離道之本，但還在道中。但又「非以爲愚，而乃愚之始」，這表示人對道的這種先在的了解雖非關智愚，卻將爲「愚之始」。這前識結構對老子而言，是存有論的必然的。莊子有沒有類似的結構呢？

第一節　在世存有

　　如果以「體盡無窮」（〈應帝王〉）來試探莊子的人道進路，「體」字便指向一種生活體驗，但什麼是生活體驗呢？

1　潘栢世編著《老子集註》，（臺北：龍田出版社，1977），p. 71。

「德文區別體驗（Erlebnis）與經驗（Erkenntnis）；法文
也區別體驗（ve'cu）與經驗（ex'prience）；（英文則以生
活經驗（lived experience）來表示）。經驗是與我們所遭
遇的物體有關，體驗則與我們賴以爲生的形體有關。」[2] 莊
子所謂「一受其成形」（〈齊物論〉），也正指我們的形體。
〈人間世〉的篇名，正表明我們的形體總是在世界中活動的。

㈠現象學還原

指向體驗，則必然要類似現象學之父胡賽爾所嘗試的現
象學還原──終止自然態度，換言之，把事實世界的各種假
設先放入括弧，這種放入括弧的方式，只是存而不論，事實
世界並沒有因而消失。「在這放入括弧之後，整個世界存留
的是什麼？不多不少，正是我們經驗之流的具體完全性和完
整性，包含了所有我們的知覺，我們的反省，簡言之，我們
的認知。」[3] 世界成爲「我們的知覺，我們的反省」、「我
們的認知」所「構成」的世界，即是「我們經驗之流的具體
世界」，這正可以說是莊子的「體盡無窮」。

但胡賽爾的終止自然態度包含有一自我的分裂。「現象
學地改變的……包含在自我的分裂中：在現象學的自我於素

2　David Stewart and Algis Mickunas, Exploring Phenomeno-
　　logy. (American Library Association, 1974)。范庭育譯，（臺
　　北：康德人工智能科技公司，1988），p.98。

3　Alfred Schutz, On Phenomenology and Social Relations. (The
　　Univ. of Chicago, 1970)，p.60.

樸地感興趣的自我之上，把他自己建立爲漠然的觀察者。那
麼是藉著新反省而本身是可達到的才能發生，作爲超越的（
新反省）同樣要求『漠然地』注視之相同態度——自我唯一
仍感興趣的是去適當地描述他所見到的。」[4] 自我分裂首先
由事實自我分裂出超越自我，是在一個「新反省」中以「漠
然的觀察者」的身份，「適當地描述他所見到的」。所謂「
漠然」一點而也不意謂消極，只是抽離出「素樸地感興趣」
的事實自我，而且「是積極的努力，去抓住經驗的意義」[5]。
胡賽爾的超越自我正是超越主體性，面對的正是意義層次。
現象的意義就在這超越自我的意識中逐漸明晰起來。「在原
則上，更爲清楚地把握住現象的結構。」[6] 這現象的結構也
就是體驗（生活經驗）的結構。主體經驗的結構必然是個基
礎，現象也必然是主體所經驗到的現象。

(二)超越自我與超越移情

但超越自我並非在事實世界中的我，這就易淪於無世界
的主體，而且自我的體驗結構也易論於獨我論的危險。但超
越反省本身必得視爲實踐概念，將自己的生活經驗構成一經

4　Edmund Husserl : Cartesian Meditation. Trans. by Dorion
　　Cairns (Netherland: Martinus Nijhoff, 1973)，p.35.

5　Maurice Merleau-Ponty, The Primacy of Perception. Edited
　　by James. M. Edie，(U.S.A.：Northwestern Univ. 1964)，P.64.

6　Erazin Kohak, Idea and Experience. (Chicago: The Univ. of
　　Chicago, 1978)，p.20.

驗的結構，這經驗的結構是「真理在過程中定義自己，如修
正、校正和自我超越……真理的根本基礎，結果顯示為經由
意向分析回到生活世界。」[7] 這樣子，超越自我是重新審視
生活經驗，「修正，校正和自我超越」，「經由意向分析」
是回到生活世界。所以超越自我並非無世界的主體，而是回
到生活世界做主體。另外，關於獨我論的問題，也就是自我
的個別性的問題，超越主體可以建立自我的個別性。「但自
我不是空洞的極，而是習慣的負載者，而且為此理由，它有
個別的歷史。沿著超越的屬己性、個別性和事實性，這超越
的歷史性也歸諸於現象的主體性。」[8] 因此，在超越主體中
有「超越的歷史性」，有「個別的歷史」，胡賽爾訴諸「彌
補」獨我論，是提出「交互主體性」的觀念。「自我的多樣
性和變化的自我在交互主體性中發現根源……超越移情構成
交互主體性的學說。」[9] 經由超越移情，人能了解他人，而
發現自我的多樣性和變化的自我，那麼顯然是在「共同意義」

---

7   Jean-Francois Lyotard, Phenomenology. Tran. by Brisn
     Beakley, (U.S.A.: State Univ. of New York, 1986)，p.62.

8   Michael Theunissen, The Other. Trans. by Christopher
     Macann, (Cambridge: The Massachusetts Institute of Tech-
     nology, 1986)，p.19.

9   Hans-George Gadamer, Philosophical Hermeneutics. Trans.
     by David E. Linge, (Berkeley Univ. of California, 1976)，p.
     164.

的層次上，人與人享有共同意義的共通性。

㈢人的存有模式

不過以海德格來說，超越還原雖指向自我的存有，但「自我與存有的二元性無論如何是不可以跨越的。」[10] 既然超越主體是要在生活世界做主體，就得進一步澄清人的存有模式，而透過闡明人的存有模式，可以進一步追問存有本身的問題。甚至追問存有本身的問題，也得從人的存有模式中開始。「在現象學的進一步發展中，就是意識存有的定義，相關於它在自然態度中所給出的。」[11] 人的存有模式，海德格稱為「此有」（Dasein），就在於他的存在。海德格在一根本翻轉的層次上，修正胡賽爾的意向結構，不是意識的意向構成，而是舉動（comportment）的意向構成。我們在日常生活的舉動中，常已與其他的存有物一起了。「此有的基本舉動，我們稱為生產，來標識一切這些行動的模式。」[12] 把「生產」定為「此有的基本舉動」，有海德格的深意在，因為在生產中，我們使用了工具，而且「一存有物與在手邊可以處理的是同義的」[13]。當我們以工具的模式，來思考一

10　同註 7，p.68.

11　Martin Heidegger, History of the Concept of Time. Trans. by Theodore Kisiel.(Bloomington: Indiana Univ. 1985)，p.117.

12　Martin Heidegger, The Basic Problem of Phenomenology. Trans. by Albert Hofstader. (Bloomington: Indiana Univ., 1982），p.108，以下簡稱B.P.

13　B.P.，p.108.

切存有物，一切存有物也均依此而視爲有工具的性質，均視爲在手邊可以處理的。[14]

　　我們日常的平均理解，均是這樣沒入我們所關心、照料的事物，而來了解我們自己，這意謂從我們所不是的存有物來了解自己。就在此義上，海德格區分了眞實與不眞實。「事實的此有理解自己，它的屬己自我，是從它日常關心的物中……不是從我們自己存在之最極度可能性來的連續性，而是不眞實的，我們自己的行爲只是作爲我們不是自己的，像我們在事物中和人群中失落自己。」[15]眞實與不眞實均屬於此有的構成，那意謂不眞實也同樣「眞實地」屬於此有構成。眞實與不眞實的區分甚爲明顯：眞實的「是從我們自己存在之最極度可能性來的連續性」，而不眞實卻意謂我們「理解」我們的「屬己自我」，「是從它日常關心的物中」，當我們沒入關心的事物來理解我們自己，「我們自己的行爲只是作爲我們不是自己的，像我們在事物中和人群中失落自己」。那麼在日常的平均性中，此有大半是不眞實的。

　　因爲眞實的和不眞實的同樣屬於此有的存有論構成，所以海德格不以此有在日常的平均性大半是不眞實的，而轉向胡賽爾在自我分裂中作爲超越反省的漠然觀察者；海德格試圖澄清在世存有的超越性。「那對人類此有是獨特的。獨特的不是作爲其他可能的一個和偶然實現的行爲，而是作爲此

14　<u>B.P.</u>，p.109.

15　<u>B.P.</u>，p.160.

有的基本構成特徵，先於一切行為而發生。」[16]在這裏，超越性是「此有的基本構成特徵」，因為「對人類此有是獨特的」。不過，在相關於生產舉動的原始超越性上，超越首先是超過存有物。「一存有物能被解蔽，不論由知覺或由某些其他進路，祇有這存有物的存有已被揭露。」[17]人的超過存有物，是已在事先理解存有物的存有。而所謂存有物的存有，不外是被生產性。「主要直接地參照到存有物的存有，在於對它的生產，這意含存有物的存有意謂的不外是被生產性。」[18]

㈣工具與可用性

海德格以此解釋在日常生活中的使用工具。「工具基本上是某些『為了』……。工具物的整體是由『為了』的多種方式構成，諸如可服務性，可指揮性，可用性，可操縱性。」[19]我們在日常生活中已了解工具物的存有，而並沒有單一的工具，而是工具的整體，均由「為了的多種方式」構成，工

16　Martin Heidegger, The Essence of Reasons. Trans. by Terrence Malick. (Evanston: Northwestern Univ. 1955), pp.35-36.

17　B.P.，p.72.

18　B.P.，p.150.

19　Martin Heidegger, Being and Time. Trans. by John Macquarrie and Edward Robinson (New York: Harper and Row, 1962) p.97.以下簡稱B.T.

具的存有正是「爲了」，包含「可服務性，可指揮性，可用性，可操縱性」。原始的超越性正是對工具的存有已事先理解，理解它的「爲了」，並由此以超過工具。「而當某些及於手邊被發現不見了，雖然它的日常呈現如此明顯以致我們從未注意到它，這在環顧所發現的參照脈絡中造成一斷裂」[20]「及於手邊」指工具，我們日常使用工具而不注意它，一旦工具不見了，就造成一種擾亂，「斷裂」，「發現一個工具物不見了」，在海德格的解釋裏，顯露了世界是工作室。

　　從使用工具的基本現象中，海德格想顯示的是什麼呢？就是在日常生活中，人有對存有的了解，並且有對存有的特定解釋。在日常生活的平均性中，這種特定的解釋大半是不眞實的。「此有對存有物和對自己的基本關係的錯誤解釋，不再是思想或心智的缺陷。它們在此有自己的歷史存在上有其理由和必然性。」[21]使用工具是我們沒入世界的方式，藉「爲了」的方式來了解一特殊存有物的存有爲可處理的，也將這種了解投射到世界上。不過，這種「錯誤解釋」是「歷史的」。海德格自己說：「我們能推斷及手性和不可用性是單一基本現象的特殊變化，我們可形式地標識爲呈現及不現。」[22]那麼及手性的呈現，是在可用性上設想，了解世界爲可處理的，而且是海德格所說的「存有的遺忘」；工具的不現，

20　同上，p.105.

21　<u>B.P.</u>，p.322.

22　<u>B.P.</u>，p.305.

是在不可用性設想，了解世界是在工具脈絡斷裂的方式，則有一個可能的新方式，那麼也出現「存有的記憶」的新契機。對於前者來說，是歷史的公眾世界；對於後者來說，此有意謂著「存有的覺醒」。[23]這意謂要了解人（此有）的存有構成以及對存有的潛能。

㈤存有的記憶

海德格分析此有的「此」中的存在構成是心境、理解、詮釋，「此」的日常存有和此有的墮落爲閑談、好奇、模稜。海德格解釋心境是「在他所擁有的心境中發現自己」[24]，「只因爲『此』已在心境中被揭露，內在的反省才能通過『經驗』。赤裸的心境更基本地揭露了『此』，但相應地比不去知覺更頑固的封閉它。」[25]人在心境中發現自己，因爲心境揭露了「此」，首先以心境爲基礎，才有反省通過自己所經驗到的，換言之，成爲體驗。那麼體驗只有在在世存有的基礎上才成爲可能。「理解有我們稱爲『投射』的存在結構，以同樣的基本性，理解既把此有的存有投射到『爲了什麼』之上也投射到意義之上。」[26]封閉心境與「投射到『爲了什

23　Martin Heidegger, <u>An Introduction to Metaphiscs.</u> Trans. by Ralph Manheim (New York: Doubleday & Co., 1967)，p.24。以下簡稱 I. M.

24　<u>B.T.</u>，p.174.

25　<u>B.T.</u>，p.175.

26　<u>B.T.</u>，p.184.

麼』之上」」，均爲以使用工具的模式來理解世界，而在心境
上揭露此與「投射到意義之上」，則出現「存有的記憶」的
新契機。詮釋則奠基於前有、前見、前概念[27]，這屬於理解
的結構。只有在理解上，海德格表明「投射也屬於在世存有
的完全揭露性。作爲對存有的潛能，理解本身有可能性。」
[28]因此在理解「眞實的」投射上，要「揭露」「在世存有」
的存有結構，也有「對存有的潛能」。由於對「此」的揭露，
海德格進一步表明：「我們選擇此詞（transparancy，透明），
來指明自我知識。」[29]這是理解的積極意涵。

　　海德格把死亡也視作在世存有的構成，死亡也是一種生
命現象；把此有稱爲朝向死亡的存有。

　　由以上辨明，莊子的「體盡無窮」必得以海德格所謂的
心境爲基礎，換言之，胡賽爾的體驗也得在心境的基礎上安
立。

第二節　成心、機心

　　老子所謂「前識」，莊子則另說所謂「成心」。老子說：
「人之迷，其日固久。」（〈五十八章〉）正表示這前識結構
是存有論地必然的傾向於「迷」，海德格所謂的「不眞實」。
　　㈠芒惑與成心

27　B.T.，p.191.

28　B.T.，p.186.

29　同上。

> 人之生也，固若是芒乎？其我獨芒，而人亦有不芒者
> 乎？夫隨其成心而師之，誰獨且無師乎？奚必知代而
> 心自取者有之？愚者與有焉。未成乎心而有是非，是
> 今日適越而昔至也，是以無有爲有。（〈齊物論〉）

對莊子而言，人的生命現象總是處於芒惑的狀態，而人所以常在芒惑中，是「隨其成心而師之」，既然成心自用，就造成人間種種是是非非，否則是非不會產生，是「今日適越而昔至也，是以無有爲有。」人均有此成心，愚者亦有，表示人的生命現象是在「愚」中，這表示成心是比前識更進一步地指向人的生命現象，無所謂「道之華」也不是「愚之始」，而已在「愚」中。莊子描述人的基本生命現象，是由前識朝向成心的進一步發展，而將成心（愚）與知（智）成爲對裂之局，顯然所謂知是道智。

成心是與人的形軀一起被決定的。

> 一受其成形，不亡以待盡，與物相刃相靡，其行盡如
> 馳，而莫之能止，不亦悲乎！終身役役而不見其成功，
> 苶然疲役而不知其所歸，可不哀邪！（〈齊物論〉）

當一有形軀，順著成心發展，就與「物」發生擠撞、摩擦、馳驅奔走無法停息下來，而不知道心的歸宿（不知其所歸）。莊子無意如老子展示前識的人之存有結構，而是直接描述與道智相反的生命現象，而成心也是存有論地必然的，因爲其基礎正在老子所謂前識。

> 聾者無以與乎文章之觀，聾者無以與乎鐘鼓之聲，豈
> 唯形骸有聾盲哉？夫知亦有之。（〈逍遙遊〉）

這描寫的正是「成心」之知，有如「聾者」、「盲者」，

看不見文章、聽不見鐘鼓。

㈡機心

順著成心，則有「機心」。

> 其寐也魂交，其覺也形開，與接爲構，日以心鬥。縵
> 者，窖者，密者。小恐惴惴，大恐縵縵。其發若機括，
> 其司是非之謂也；其留若詛盟，其守勝之謂也，其殺
> 若秋冬，以言其日消也；其溺之所爲之，不可使復之
> 也；其厭也如緘，以言其老洫也；近死之心，莫使復
> 陽也。（〈齊物論〉）

無論醒和睡都是心神不定，每天與所接觸的事物鉤心鬥
角，而如發出去的弓箭偵伺著別人的是非。莊子所描繪的生
命現象，是充滿機心，鉤心鬥角的人間世界。

> 汝慎無攖人心。人心排下而進上，上下囚殺；綽約柔
> 乎剛強。廉劌彫琢；其熱焦火，其寒凝冰。其疾俛仰
> 之間，而再撫四海之外。其居也，淵而靜；其動也，
> 懸而天。僨驕而不可係者，其唯人心乎？（〈在宥〉）

> 凡人心險於山川，難於知天；天猶有春秋冬夏旦暮之
> 期，人者厚貌深情。（〈列禦寇〉）

由於人心的「排下而進上」，就使「上下囚殺」，熱如
火、寒如冰，傷害自己的本性。忽靜忽動無法繫止。以致人
心比山川還險惡；比天還難測知。外貌厚重內心卻深遠難知。

㈢言語與風波

成心自用，機心的鉤心鬥角，均以言語爲工具。

> 言者，風波也；行者，實喪也。夫風波易以動，實喪
> 易以危。故忿設無由，巧言偏辭。獸死不擇音，氣息

莫然，於是並生心厲。剋核太至，必有不肖之心應之。
（〈人間世〉）

言語就像風波一樣流動，所以忿怒的起端是無來由的，不外是花巧的言語、偏頗的言辭。野獸臨死時情急亂吼，於是同時生出厲害的心。太過於苛察計較，也會使別人生起不肖之心。

夫傳兩喜兩怒之言，天下之難者也。夫兩喜必多溢美之言，兩怒必多溢惡之言。凡溢之類妄，妄則其信之也莫，莫則傳言者殃。故法言曰：「傳其常言，無傳其溢言，則幾乎全。」（〈人間世〉）

莊子的人間智慧，在於洞悉人的成心、機心所引起的造作，且洞穿人情世故中所隱藏的陰惡。兩人交好則虛增美言，兩人交惡則虛增惡言，虛增的必然虛妄，虛妄就沒有人信，那麼傳話的人就遭殃了。所以格言說要傳平常的話，不要傳虛增的話，或可以保全自己。

㈣德與名

由於機心的鈎心鬥角，也引出「德」與「名」的問題。

德蕩乎名，知出乎爭。名也者，相札也；知也者，爭之器也。二者凶器，非所以盡行也。且德厚信矼，未達人氣，名聞不爭，未達人心。而彊以仁義繩墨之術暴人之前者，是以人惡有其美也，命之曰菑人。菑者，人必反菑之，若殆為人菑乎！（〈人間世〉）

德行被名氣敗壞，機巧之知也出於爭鬥。所以名氣是用來互相傾軋，機巧之知是用來爭鬥的工具。名氣和機巧之知都變成了凶器。而且即使道德純厚，也不爭名，卻「未達人

心，未達人氣」，以仁義作規矩繩墨來要求人，這是害人了。
因為人家討厭你有這樣的美德。害人的，必反被人害。

莊子通透了世道艱險，葉公子高將出使齊國，莊子借孔
子的口說道：

> 事若不成，則必有人道之患，事若成，則必有陰陽之
> 患。（〈人間世〉）

如果事不成會為人所害，如果事成，又會患得患失。

顏闔要作傅衛靈公太子的師傅，莊子借蘧伯玉的口說道：

> 形莫若就，心莫若和。雖然，之二者有患，就不欲入，
> 和不欲出。形就而入，且為顛為滅，為崩為蹶。心和
> 而出，且為聲為名，為妖為孽。彼且為嬰兒，亦與之
> 為嬰兒；彼且為無町畦，亦與之為無町畦；彼且為無
> 崖，亦與之為無崖。（〈人間世〉）

形體莫如去遷就，內心保持平和，遷就不要受到影響，
否則顛倒滅絕，崩壞蹶倒，內心平和不能顯現，否則好像是
爭取聲名、助紂為虐。他像嬰兒，你也跟他像嬰兒；他沒有
規矩繩墨，你也沒有規矩繩墨；他漫無邊際，你也漫無邊際。
莊子教人為人臣的藝術，莫不出以悲涼的心境，教導在君臣
之間如何相處，在這心境下，莊子充滿深沈的體驗，富於人
間的智慧。

第三節　心齋、坐忘

莊子的成心與老子的前識，類似於海德格分析此有的「
此」的存在構成，只不過這成心封閉了心境、把此有的存有

類似工具的存有而投射到「爲了……」之上，而奠基於前有、前見、前概念，都是此有不眞實的狀態，而這卻正是此有的存在構成。「夫隨其成心而師之，誰獨且無師乎？悉必知代而心自取者有之？」（〈齊物論〉）這裏以成心與知對比，顯然以知代表揭露的心境，理解的把此有的存有投射到意義之上，重要的是能理解人的存有模式，區分何者爲眞實，何者爲不眞實，理解人對存有的潛能。

莊子相似於海德格說明「此」的日常存有和此有的墮落是閑談、好奇、模稜，莊子則提出機心、賊心，可以看出是在可以並列的層次，而墮落的程度尤有過之。也可以看出海德格以工具的存有作雛形，機心和賊心正是類似於以工具的存有爲思考模式，把人間籠罩在「爲了……」的機心和賊心中。

㈠朝徹、見獨

對於莊子，要停止成心乃至機心、賊心而達到知（智慧），有一決定性的道家修養工夫，「緣此心知，而有莊子所貶之『故智』『機心』『賊心』『心厲』；而莊子乃有『心齋』『刳心』『洒心』『解心』……之論。」[30]知（智慧）或「莫若以明」（〈人間世〉）的明，這類似海德格說的理解對「此」的揭露，自我知識的透明或明晰。道家這套修養工夫類似胡賽爾的現象學還原，至少胡賽爾的現象學還原，在莊子

---

30 唐君毅《中國哲學原論・原性篇》，（香港：新亞研究所，1968），p.38。

來看是一套實踐的修養工夫，可以達到實踐的智慧。

> 參日而後能外天下；已外天下矣，吾又守之，七日而
> 後能外物；已外物矣，吾又守之，九日而後能外生；
> 已外生矣，而後能朝徹，朝徹而後能見獨；見獨而後
> 能無古今；無古今，而後能入於不死不生。（〈大宗
> 師〉）

天下猶如人間，「外」指的是超脫，也可以說遺忘，對
胡賽爾來說就是現象學還原，要把自然態度的任何意見均放
入括弧、存而不論，至少現象學還原要終止的就包含海德格
所說的此有的日常生活及此有的墮落。如果海德格認為在在
世存有的基礎上，才能使存有的問題對題化，胡賽爾的現象
學還原也得奠基於在世存有的基礎上，但是如果奠基於在世
存有的基礎上，正如梅露龐帝所云：「沒有完全的現象學還
原是可能的」[31]。因為既屬在世存有，真實與不真實同屬此
有的存在構成。但海德格也在「願意有良心」的意義上說：
「……去選擇一種人的自我的存有（Being-one's-self），與
其存在結構一致，我們稱為決心。」[32]海德格是正確地把超
越性奠基於有限意識之上，而胡賽爾的現象學還原在這個新
基礎上，也正意謂一種決心，要視為一種實踐工夫，這是由
莊子的實踐工夫對照以顯明的。那麼胡賽爾的現象學還原，

31　引見 Calvin O Schrag, Experience and Being, (Evanston:
　　Northwestern Univ. 1969) p.116.

32　B.T.，p.314.

在實踐進路上有其積極的意涵。梅露龐帝是正確的：「但懸擱並非否定，更不是否定將我們結合於物理的、社會的、文化的世界之環結，正好相反，是要去看到這環結，去意識到它。單單是『現象學還原』顯露了無止盡和暗示的肯定，在我們思想的每一時刻都預設了『世界之安立。』[33]胡賽爾的終止自然態度的判斷，正是要去「意識到它」，要「安立世界」。在此義上說，海德格是徹底地執行了現象學進路。那麼胡賽爾的超越反省，弔詭的，正得視爲海德格的決心現象，而且是一種實踐工夫。這可以突破「一個不在世界中的（超越）自我，如何能跟一個在世界中的（經驗）自我等同爲一？」[34]的胡賽爾式困局。而且這樣，超越意識是能活動的。

「外物」指的是把一切世界上的事物也排除在外，如以海德格的說法，正是排除將一切事物視爲工具物而可由人操縱和管理的。「外生」指的是排除（超脫）自己的生命，是指放棄自我對生命的執著。是有限意識的超脫，生死如一。「朝徹」指「如初日之光，通明清爽」[35]，正如海德格說的「自我知識的透明（明晰）」，但在這裏應包含澄清人的存有模式。「見獨」並非見到自己，而是見到自己的存有，人與

---

33 同註 5，p.49.

34 陳榮灼 《現代與後現代之間》，（臺北：時報出版公司，1992），p.122。

35 王夫之《莊子通・莊子解》，（臺北：里仁書局，1984），p.63。

道合一。當自己的存有湧現時，不再有精神性的自我，連超越主體也在排除之列，見到的只是自我的「存有」。「無古今」，則只是安於存有的湧現，古今如一。「不死不生」則既只有存有，自我消亡，則無所謂有限意識的生死觀。重要的是，在「外天下」、「外物」、「外生」有守「三日」、「七日」、「九日」的分別，至「外生」以後，與「朝徹」、「見獨」、「無古今」、「不死不生」藉「而後能」一氣直下，只有程序上的分別，不再有日常計算時間的觀念了。從「生死如一」到「不死不生」，純然只是視道（存有）如歸了。

　　莊子的實踐工夫與胡賽爾的現象學排除看來彷彿一致。「留下來的，作為所尋求的『現象學殘餘』，雖然我們已把整個世界排除掉了一切自然物、生物和人，包括我們自己。嚴格來說，我們沒有失掉什麼，而是得到絕對存有的整體，恰當的了解，它是在自己之中包含了或『構成了』一切世界的超越性。」[36]「排除掉一切自然物、生物和人，包括我們自己」，正是莊子的「外天下」、「外物」、「外生」。但「得到絕對存有的全體」或「在自己之中包含了或『構成了』一切世界的超越性」，與莊子所謂「朝徹」、「見獨」畢竟還有距離。「現象學盈餘」指的是自我的「存有」。胡賽爾沒有如海德格說明人的存有構成，如人是朝向死亡的存有等，未進一步澄清人的存有模式，這樣就會落在以精神或主體意識來說明萬物。自我的存有中，存有是主要的；雖然在胡賽

36　Edmund Husserl, Idea I. Trans by F. Kersten. (Boston: Martinus Nijhoff, 1982).p.113.

爾的還原中「我們自己」也在排除之列，但並未排除主體意識。

㈡心齋‧坐忘

> 若一志。无聽之以耳，而聽之以心；无聽之以心，而
> 聽之以氣！聽止於耳，心止於符。氣也者，虛而待物
> 者也。唯道集虛。虛者，心齋也。（〈人間世〉）

「若一志」只是「若」，並非「一志」，這裏並非人的意志或主體意識。「无聽之以耳」，正是要摒絕人間與外物的干擾，因爲「聽止於耳」，聽人間與外物的聲音只能止於作爲感官的耳朵。「无聽之以心」，正是要排除人的意志和主體意識，「心止於符」，人把語言作爲符號（工具）來彼此溝通、傳達消息。「而聽之以氣」，所謂氣就是虛，人的存有正在其虛。「虛而待物」正是以虛掉人的主體，以聆聽萬物的響動。「心齋」正是齋戒人心，而聆聽存有的召喚。「唯道集虛」，道就集在虛掉人心之處。

> 顏回曰：「回益矣。」仲尼曰：「何謂也？」曰：「
> 回忘仁義矣。」曰：「可矣，猶未也。」它日，復見，
> 曰：「回益矣。」曰：「何謂也？」曰：「回忘禮樂
> 矣。」曰：「可矣，猶未也。」它日，復見，曰：「
> 回益矣。」曰：「何謂也？」曰：「回坐忘矣。」仲
> 尼蹴然曰：「何謂坐忘？」顏回曰：「墮肢體，黜聰
> 明，離形去知，同於大通，此謂坐忘。」仲尼曰：「
> 同則無好也，化則無常也。而果其賢乎！丘也請從而
> 後也。」（〈大宗師〉）

如果將仁義視爲人所樹立的價值標準，畢竟停留在外在

形式的層次。禮樂是人所制定的，雖然能進入人心，較內在了，但還是不夠。仁義禮樂都還不能排除人的主體意識。其實這裏就儒家看，仁義與禮樂的位置恰巧是顛倒的，儒家以仁爲中心。「墮肢體」即「離形」、「黜聰明」即「去知」，「離形去知」正是離開我們的軀體的感覺（包括感官）排除掉「成心」之知，即不以之作主之意，這裏的知並非與成心相對的知，如「夫隨其成心而師之，誰獨且無師乎！悉必知代而心自取者有之？」（〈齊物論〉）這裏的知是「一受其成形，不亡以待盡」（〈齊物論〉）的成心之知。所以只有排除掉我們自己，及人的主體意識，才是「同於大通」，與天地萬物相通。所以仲尼贊曰：「同則無好」，既與天地萬物相通，就不會有所偏好，「化則無常」，與天地萬物同變化就不會堅持有什麼恒常的價值標準了。

> 南郭子綦隱机而坐，仰天而噓。苔焉若喪其耦。……「今者吾喪我，女知之乎？女聞人籟而未聞地籟，女聞地籟而未聞天籟夫！」子游曰：「敢問其方。」子綦曰：「夫大塊噫氣，其名爲風。是唯無作，作則萬竅怒號……厲風濟則眾竅爲虛。而獨不見之調調，之刁刁乎？」子游曰：「地籟則眾竅是已，人籟則比竹是已。敢問天籟。」子綦曰：「夫吹萬不同，而使其自己也，咸其自取，怒者其誰邪！」（〈齊物論〉）

「苔焉」是「解體貌」[37]，「喪耦」指「形與神爲耦，

37　陳壽昌輯《南華眞經正義》，（臺北：新天地書局，1972），
　　p.8。

喪耦，謂忘形也」[38]。暫不論「神」字何義，至少「喪耦」指的是「離形」，「喪我」亦可指「排除掉我們自己」，排除掉成心之知——「去知」。「人籟」指的是人比竹而吹，是「人」所製作的音樂，所謂「禮樂」，這是（顏成）子游所能了解的。「大塊噫氣」是大地吐出的氣息，是風，風如塊然大作，「萬竅怒號」則大地上所有的孔竅都怒吼了。「萬竅」比喻的是大地上的萬物，萬物只是萬種孔竅，所以屬風過，「眾竅為虛」，因為眾竅本為虛，萬物的存有就是如孔竅的虛，風過才有「調調」、「刁刁」。當人能離形去知，虛其自己，虛其在成心之知的主體意識，自我的存有即在自己之「虛」處。虛而能待物，就能看到萬物的存有亦在萬物之虛處，如萬種孔竅發出的音皆有不同。「天籟」是因萬種孔竅的不同，風吹過就形成萬種不同的聲音，這不是萬種孔竅有意為之，而是「使其自己」，使其自己成為自己，「咸其自取」都是因為自己的孔竅而有的，都是虛其自己而有的，「天籟」是自然如此。換言之，「天籟」是渾化萬物的差異，即差異各歸其差異，僅是自然如此。其實，在萬物之虛處，就是天籟。所以子綦喪我，是「仰天而噓」，「噓」是孔竅呼氣，氣是大塊所噫之氣，「仰天」是強調天之自然如此義。

㈢**虛室生白，吉祥止止**

　　絕跡易，无行地難。為人使，易以偽；為天使，難以

38　王煜《老莊思想論集》，（臺北：聯經出版公司，1979），p. 331。

> 僞。聞以有翼飛者矣,未聞以无翼飛者也;聞以有知
> 知者矣,未聞以无知知者也。瞻彼闋者,虛室生白,
> 吉祥止止。夫且不止,是之謂「坐馳」,夫徇耳目內
> 通而外於心知,鬼神將來舍,而況人乎!是萬物之化
> 也,禹舜之所紐也,伏戲几蘧之所行終,而況散焉者
> 乎?(〈人間世〉)

人懷道不行還算輕易,行道而免跡象卻難。被人驅使,
容易虛僞不眞;但被天然驅使,便難虛僞了。另「以有翼飛」
和「以有知知」都是人所依待的條件如成心之知,「以无翼
飛」、「以無知知」則是泯滅人所依待的條件和成心之知。
人要看向那空虛之虛,「虛室生白,吉祥止止」是空虛的房
間放出白光,吉祥聚止,正是「虛者心齋」,是虛其成心,
是人心之虛處。如果心猿意馬,是謂「坐馳」,而不是「坐
忘」了。使耳目內通於此虛處,而排除人的成心之知,鬼神
都來休止,何況人呢。這就是萬物所化歸的虛空,禹舜治國
的樞紐,伏羲几蘧奉行到死的,何況其餘的人呢。故泯滅成
心之知,這成心之知是以主體意識為基礎的,心有如空虛的
房室放出白光,人的存有不外是人心之虛,萬物所化也即在
萬物之虛,或鬼或神成聖成王都依止於此虛處。

> 無視無聽,抱神以靜,形將自正。必靜必清,無勞女
> 形,無搖女精,乃可以長生。目無所見,耳無所聞,
> 心無所知,女神將守形,形乃長生。慎女內,閉女外,
> 多知為敗。我為女遂於大明之上矣,至彼至陽之原也;
> 為女入於窈冥之門矣,至彼至陰之原也。天地有官,
> 陰陽有藏,慎守女身,物將自壯。我守其一,以處其

和……（〈在宥〉）

　　「慎女內」，只是「抱神以靜」，把整個心神虛靜下來，「離形去知」是離開軀體的感覺與排除成心之知，「無勞女形，無搖女精」是不要使你的軀體感覺向外奔馳，使你的存有搖盪困惑，故「目無所見，耳無所聞，心無所知」，只是內攝而虛靜，故「閉女外，多知爲敗」，任何感官之知與成心之知，就會使心神敗壞了。當心神虛靜下來宛若虛空，「形將自正」，形軀的感覺就不會向外奔馳了。在心之虛處講「神」，在分享存有處講「精」。當存有湧現，是「虛室生白」，也就是「大明」，偉大的光明，這是「至陽之原」。而存有的湧現即在於自我的虛空，深遠幽冥，這是「至陰之原」。故在自我的虛空之處，即湧現存有。只要「慎守女身」，守著心之虛處，就是萬物之化，因爲「天地有官，陰陽有藏」，萬物將自化。這就是「守一」，即是守無。

第六章 莊子的物道

物道是探討物的存有結構，是道家殊勝處；道家對萬物存有論的說明。

在人道時，曾說明人在日常生活中使用工具，工具的存有結構是「爲了……」，在日常生活中人依工具處理事物，如果依照工具的存有模式來思考，則萬物即被視爲可爲人所處理的。不過，這種對待萬物的方式，道家視爲人對萬物的占用，也是對萬物的誤用與濫用。

道家的觀物方式爲何？莊子的物道有何特殊之處？莊子的心齋是「虛而待物」，當人虛靜下來，物以何種樣態顯？

第一節 物的現象

胡賽爾現象學始於意識上的明證，物作爲「經驗到」的物，是在意向關係中所呈顯的物。從物理的因果聯結轉到心靈現象是胡賽爾採取的決定性步驟。「在心靈的領域中，在現象與存有之間並沒有區分。」[1] 換言之，一切物是視爲存

1　Edmund Husserl, Phenomenology and the Crisis of Philosophy. Trans. by Quentin Lauer. (Evanston: Harper & Row. 1965)，p.106，以下簡稱P.C.P

有一現象。因此胡賽爾得以強調「本質地見」，見到「存有自己的出現」[2]。「本質地見」也就是「直接地見」，這正是胡賽爾所說的「本質直覺」。所以胡賽爾得而說出「朝向事物本身」的口號，因爲事物本身是關聯到心靈的流動，所以可以置定絕對的存有。「沒有必要說到物自身，既然事物是什麼已適當地在意識中顯現。」[3]物的存有是攝歸於超越意識之中。

(一)超絕對象

「超絕對象……是有許多『面相』的對象，並非一切面相都能在任何它們的給定意向中被包含……因爲對任何自然對象，只有通過透視（perspective）才能知覺到。」[4]胡賽爾雖視物的存有是在意識中直接出現，但對一實踐超越反省的個別意識來說，「只有通過透視才能知覺到」特定和部分面相，那麼胡賽爾面對物的存有「本身」不得不置定「超絕對象」一詞，以限制意識主體在認知上的有限性，「並非一切面相都能在任何它們的給定意向中包含。所以本質直覺雖能直接地見到物的存有，但僅能見到物的存有的特定和部分面相。但胡賽爾強調：「他的反省體驗，正是一個經驗到房子的知覺在其所有環節的體驗，這原就屬於它，且仍正在形

2　P.C.P.，p.106。

3　P.C.P.，p.21。

4　David Woodruff Smith and Ronald McIntyre, Husserl and Intentionality. (Holland: D. Reidel, 1982)，p.17。

成。」⁵超越意識的反省體驗，只有通過透視才能知覺到自然對象，這已說明超越意識本身是有限意識，但知覺到自然對象「在其所在環節的體驗」，這即是包含一切面相的「超絕對象」，超絕對象「原就屬於」有限的超越意識，「且仍正在形成」表示有限的超越意識在發展上的無限可能性。但如果超絕對象原就屬於有限的超越意識，這就表明超越意識雖有限而可無限。胡賽爾訴諸「界域」觀念，即普遍的世界界域，來解決超絕對象如何「原就屬於」超越意識，胡賽爾提出「生活世界」的觀念。

　　無論如何，就超越意識形成的無限可能性來說，能知覺到超絕對象。「自然存有的領域，其存在層次是第二序的；它繼續預設超越存有的領域。」⁶那麼可以說一切自然物都是在「可能知覺」中的物，即意向物。但既然現象學還原是主體經過「心靈的努力」，即是經過實踐的工夫而產生的意向過程，那麼相對於實踐工夫而言，物是行為物。

　　㈡工具與利用

　　海德格將現象學研究轉入胡賽爾所懸擱的自然態度中。「事實的此有理解自己，它的屬己自我，是從它日常關心的物中。」⁷簡言之，此有從日常關心的物中來理解自己，那

5　Edmund Husserl, <u>Cartesian Meditation.</u> Trans. by Dorion Cairns. (Netherland: Martinus Nijhoff. 1973)，p.34，以下簡稱C.M.

6　<u>C.M.</u>，p.21。

7　<u>B.P.</u>，p.160。

麼物是什麼的問題就變得十分重要，因為它變成人是什麼的
問題。日常關心的物是什麼呢？我們曾稱為工具，從工具的
引申中，「在主要的意義上，可處理的資產和貨物，財富是
存有物；⋯⋯一存有物同義於在手邊可處理的。」[8] 當周遭
的物被視為「在手邊可處理的」，對物的態度基本上是一種
利用的態度。

　　海德格繼而批判西方形上學定義物的三個模式：「三個
定義物性的模式，設想物是負有性質，感覺雜多的統一，形
構的（formed）物質。」[9] 設想「物負有性質」，與西方形
上學對物性的思考一致，即「物的關鍵是在物的根據⋯⋯這
定義物的物性為實體」[10]，這是「人把了解物的命題方式轉
移到物本身的結構」[11]，這也就是理性主義的態度。設想物
是「感覺雜多的統一」，因為「比一切感覺更近於我們的是
物本身」[12]，所以不能直接達到物的物性，這也就是經驗主
義的態度。設想物是「形構的物質」，「作為存有物的決定，當
然物質和形成在工具物的本質中有適當的位置」[13]，因為「

8　B.P.，p.108。

9　Martin Heidegger, Poetry, Language, Thought. Trans. by
　　Albert Hofstader, (New York: Harper & Row, 1975)，p.30，以
　　下簡稱P.L.T.

10　P.L.T.，p.23。

11　P.L.T.，p.24。

12　P.L.T.，p.26。

13　P.L.T.，p.28。

物質和形式的聯結是安立在有用性」[14]，這種形質論的看法，是
將材料預先賦予形式。

㈢ 物與空無

　　海德格以水壺爲例，說明物性。水壺是個容器——是日
常用具。「水壺的物性，在於它作爲容器」[15]，器皿的性質
不是由底層和壁面所構成的，因爲酒和水不能注入底面和壁
面，只能注入底面和壁面「之間」。「當我們塡注水壺，傾
注塡滿了它，流入了空的水壺。空性，空虛正是水壺的握著。空
的空間，水壺的空無，正是水壺作爲握著的容器」[16]。物性
就在於空虛，在於無。

　　另--方面，「陶匠由他特別選擇和爲其預備的土地，做
成土製的水壺，水壺包含了土地。」[17]水壺的質料來自土地，
在這義上「包含了土地」。「但連續的倒下，將空掉自己所
握著的。只有一容器，才能空掉自己。」[18]水壺裝的水和酒，
目的是爲「倒下」，「倒下」之後，這容器的「空掉自己」
正是回到自己的空虛，和無。「在倒出中，握著才眞正是它
自己。從水壺中倒出是給予。容器的握著發生在倒出的給予
中。握著需要空掉他所握著的。握著空虛的本性是凝聚在給

14　<u>P.L.T.</u>，p.28。

15　<u>P.L.T.</u>，p.169。

16　<u>P.L.T.</u>，p.169。

17　<u>P.L.T.</u>，p.167。

18　<u>P.L.T.</u>，p.169。

予中。」[19]壺要回到自己的空虛，「握著」需要「空掉他所握著的」，「倒出」不但規定了壺，也規定了「握著」，「倒出」是給予。

「水壺的壺性含在倒出中倒出的禮物……春天停在贈禮的水中。在春天中，石頭居住著，在石頭中居住著土地的沈睡，且接受了天空的雨和露。在春天的水中，居住著天地的婚姻。」[20]倒出是贈禮，「贈禮的水是石頭接受天空的雨和露」，是「居住著天地的婚姻」。在物空掉自己，回到物性的無中，它也「凝聚在給予」中，在這裏含著老子所謂「天地之合，以降甘露。」（〈三十二章〉）。物空掉自己，物的無正是回到自己，也就是物化（thinging），在物化時凝聚在給予中，「沒有相關的世界，物不能成為物，對海德格總是『物—世界』和『世界—物』。他這樣寫，一物凝聚一世界。」[21]在物化時，凝聚了一個世界。

不僅如此，海德格對物還有更積極的說法。「存有物被稱為物理（Physis）。」[22]物已成為存有，無所謂物；因為

19　P.L.T.，p.172。

20　P.L.T.，p.172。

21　James C. Edward, The Authority of Language. (Tampa: South Florida Univ. 1990), p.92.

22　Martin Heidegger, An Introduction to Metaphysics. Trans. by W.B.Barton, Jr. and Vera Deutsch. (Chicago: Henry Regnery, 1967)，p.11。

物理對海德格，即是存有。當存有活動時，物在開顯性中。

第二節　道與物化

　　胡賽爾將物視爲存有現象，不過此存有現象是與意識流共同協調入一事件。海德格首先批判日常生活的工具觀，並連帶批判由之引申而起的利用態度，可說是物不能以自己的方式前來與人相遇。物要能以自己的方式前來與人相遇，也就是物有一眞實的顯現、呈現，但此眞實的顯現、呈現，卻正是以物空掉自己，回到空無的不現爲基礎。海德格在此義上說物化，在積極的意義上說，物化就是存有。

　　莊子的「萬竅怒號」，是把大地上的萬物比喻作萬種孔竅，孔竅之爲孔竅正在其虛、其空無。怒號是萬物的存有的顯現、呈現，而其顯現、呈現正在「萬竅爲虛」的空無和不現。物的存有、物道，正在其無。

㈠萬物之道

莊子更進一步展示物道的結構。

> 泰初有无，无有无名；一之所起，有一而未形。物得以生，謂之德；未形者有分，且然無閒，謂之命；留動而生物，物成生理謂之形；形體保神，各有儀則，謂之性。性修反德，德至同於初。同乃虛，虛乃大。合喙鳴；喙鳴合，與天地爲合。其合緡緡，若愚若昏，是謂玄德，同乎大順。（〈天地篇〉）

　　莊子直稱道爲無。「泰初有无」即太初有道。老子「道生之，德蓄之，物形之，勢成之。」（〈五十一章〉）「玄德

深矣遠矣，與物反矣，然後乃至大順。」（〈六十五章〉）是〈天地篇〉此段引文所本，引文前四句即解「道生之」，無是虛空，還沒有物的存有也沒有名字，故無祇是一狀態。無是「一」的基礎，有「一」還沒有形成。「一」所指的是無（道）與物的存有（有）「之間」的狀態，「一」還不是物的存有。由於有道（無）的動力，「物得以生」，就是物得之於道者稱爲德（物的存有），故「一」指的是道與德的中間狀態，其實也就是老子「無爲天地之始」（〈第一章〉）的「無」。「物得以生」就是老子的「德蓄之」。物德（物的存有）乃是蓄養道，就此義說，物德正是物之「孔竅」。在德的狀態雖是「未形」的狀態，但已「有分」，有了萬物的差別。「且然無間」應指不停息的狀態，由此差別性構成了萬物各自的命運。當動力停止下來，就產生了物。物產生之後，形成它的理則，稱爲形（體）。故從道生成萬物，是由道→德→命→物→理→形而下。而形體要保住它的「神」明，各有其方法稱爲「性」。「神」是通於一的對道的承受狀態，是物之德在其虛的狀態。「乘物之化而往，遊於物之虛以行，是謂之神。」[23]（老子的）「玄德」則是通過「性修反德」的實踐修養工夫而致。神爲正，玄德爲反。「性」是從形逆溯回物，也是在形與物之間，與理的位置一樣，理爲正，性爲反。修性是爲返於物、返於命、返於德，這叫「性修反德」，一

---

23 唐君毅《中國哲學原論·導論篇》，（臺北：學生書局，1986），p. 130。

直返到「一」的狀態，這是「德至同於初」，也就是所謂「玄德」。能夠同到玄德的狀態，就如同一片虛空，虛空乃成其爲大。這樣就與鳥的鳴聲相合，也與天地相合，這樣就是「無心而自合」[24]，像愚像昏，是大大地順從於道了。換言之，到達玄德的狀態，宛若一片虛空，與天地相合，就唯道是從了。

此結構可以用圖表示，並以老、莊比較：

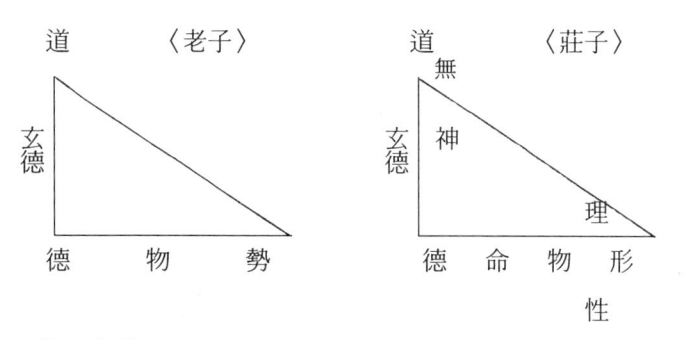

㈡**道與物化**

> 冉求問於仲尼曰：「未有天地可知邪？」仲尼曰：「可，古猶今也。」冉求失問而退，明日復見，曰：「昔者吾問：『未有天地可知乎？』夫子曰：『可。古猶今也。』昔日吾昭然，今日吾昧然，敢問何謂也？」仲尼曰：「昔之昭然也，神者先受之；今之昧然也，且又爲不神者求邪？無古無今，無始無終。未有子孫

24　陳壽昌輯《南華眞經正義》，（臺北：新天地書局，1972），p. 186。

而有子孫，可乎？」冉求未對。仲尼曰：「已矣，未應矣！不以生生死，不以死死生。死生有待邪？皆有所一體。有先天地生者物邪？物物者非物。物出不得先物也，猶其有物也。猶其有物也，無已。聖人之愛人也終無已者，亦乃取於是者也。（〈知北遊〉）

冉求問的是：「未有天地。」仲尼卻答：「古猶今也。」古今一體，分明是時間觀念，並且不是計算的線性時間觀。「神者先受之」，是因神通於一而對道（物化）在承受狀態。「未有天地」則只是道，「神」可以先領受，道是古今如一。再進一步，「無古無今，無始無終」則只是時間本身，無所謂古今，無所謂開始與終結。「古今」、「始終」是時間的觀念，猶如時間本身的「子孫」，時間本身還沒有「古今」、「始終」。「生死」猶如「始終」，「不以生生死，不以死死生」，每句中間第二個生字、第二個死字均當動詞用，既無始終，也無生死，始終和生死只是時間本身的變化和流動，所以不以生看待死，不以生「生出」一個死，也不以死看待生，不以死死去一個生，生死如一。死生並沒有什要要依賴的條件，生死「皆有所一體」，並不直講「生死一體」，而是生死「皆有所一體」，就是表示生死「在時間中成為一體」。仲尼接著生死之後再反問：「有先天地生者物邪？」這就表示物是有「始終」、「生死」的，由物來狀道，「物」不會先天地生，表示道不離物自存。底下第一個物字做動詞用，使物成為物的，即是使物化能夠發生的，當然不是物，但這不能夠先於物，因為物既出現之後就不能先於物了。物化只是好像有物罷了，只因為物化是不停息的（無已）。人亦是

萬物之一，聖人之能夠愛人，就是如道的無已，也是不停息
的。

在這裏，物化就是道，就回到時間本身，成為「無古無
今，無死無終」，甚且回到「未有天地」之先。那麼進一步
可說，在物化中停泊著天地，因為物化是先於天地發生的。
這裏物化回到時間本身，故先於天地。

㈢時間與變化

> 道無終始，物有死生，不恃其功；一虛一滿，不位乎
> 其形。年不可舉，時不可止；消息盈虛，終則有始。
> 是所以語大義之方，論萬物之理也。物之生也，若驟
> 若馳，無動而不變，無時而不移。何為乎，何不為乎？
> 夫固將自化。（〈秋水篇〉）

道無開端與終結，萬物則有生死，表示萬物皆在有限的
時間中，道則是時間本身。萬物不可恃其功，因萬物來自於
道。萬物有時「虛」，有時「滿」，不以其「形」為位，若
以其形為位，則不能返回其德。歲月不能再來，時間不可留
止，萬物永遠在生長、死亡、盈滿、空虛的變化，終結了又
有開始。這是說萬物永遠在變化之中，生死也是一種變化，
死就如同「終」一樣，又會重新開始。這就是談論萬物的大
道理。萬物在時間中變化，「若驟若馳」，變化是非常快速
的，萬物在活動中，而每一活動即是變化，每一瞬間就在遷
移。萬物無所謂「何為」、「何不為」的問題，它的變化遷
移就是自己的、自然的變化。換言之，萬物的變化流遷，都
出自自己的活動，所謂自己即是自然，無所謂「何為」、「
何不為」，這變化流遷就是自化，也就是海德格說的「物化」（

thinging）。「恃其功」是在「形」的位置，就不能返回其德；「恃其功」是盈滿，必要還至其虛，一盈一虛才產生變化，這才使萬物在動態的自化中。

> 夫昭昭生於冥冥，有倫生於無形，精神生於道，形本生於精，而萬物以形相生，故九竅者胎生，八竅者卵生。其來無跡，其往無崖，無門無房，四達之皇皇也。（〈知北遊〉）

顯現的狀態是來自於不可現的狀態，有形狀的東西（有倫）是生於無形的東西。不可見的「精神」是來自於道，而形體是生於精。萬物以形輾轉相生，萬物所來自的是沒有形跡的（無跡），萬物也不知歸向那裏。萬物的流遷變化，並沒有可通達的門戶，不知其所以然。但萬物就這樣流遷變化，其變動就是堂堂皇皇的四通八達。

㈣命運與機遇

> 列子行食於道從，見百歲髑髏，攓蓬而指之曰：「唯予與女知而未嘗死，未嘗生也。若果養乎？予果歡乎？」種有幾，得水則為𩷏，得水土之際則為蛙蠙之衣，生於陵屯則為陵舄。陵舄得鬱棲則為烏足，烏足之根為蠐螬，其葉為蝴蝶。蝴蝶胥也化而為蟲，生於竈下，其狀若脫，其名為鴝掇，鴝掇千日為鳥，其名為乾餘骨。乾餘骨之沫為斯彌，斯彌為食醯。頤輅生乎食醯，黃軦生乎九猷，瞀芮生乎腐蠸。羊奚比乎不箰，久竹生青寧，青寧生程，程生馬，馬生人，人又反入於機。萬物皆出於機，皆入於機。（〈至樂〉）

萬物只在流遷變化。在〈秋水篇〉中是「物有死生」，

是從萬物的生命均在有限的時間中來看；如果從流遷變化的
觀點來看，生死亦屬於流遷變化，只是物的自化，這就是由
道的觀點來看萬物，萬物只是在時間中變化，其形體也隨之
而變，如形體之化爲髑髏。而形體的變化，從種子有「機」
開始，就有其機遇、機緣，「得水」就是機遇、機緣，形體
就轉變爲如絲的水草；「得水土」的機遇、機緣，又變成青
苔。以下種種，發揮很大的想像力說萬物形體輾轉相變化的
道理。「萬物皆出於機，而入於機」，是說道之生成萬物，
是由於機遇、機緣，是由於偶然性，而萬物的形銷瓦解，也
是由於機遇、機緣，也是由於偶然性。換言之，萬物之始終、生
死，是由於機遇、機緣，是由於偶然性統治的；這就是萬物
之自化。深一步言之，萬物之「命」（命運），就是機遇、
機緣，就是偶然性；與時俱逝，也與時俱化。所以「萬物皆
種也，以不同形相禪（轉變），始卒若環，莫得其倫，是謂
天均（自然均平）。」（〈寓言〉）

(五)以道觀物

以道觀之，物無貴賤；以物觀之，自貴而相賤；以俗
觀之，貴賤不在己。以差觀之，因其所大而大之，則
萬物莫不大；因其所小而小之，則萬物莫不小；知天
地之爲稊米也，知豪末之爲丘山也，則差數觀矣。以
功觀之，因其所有而有之，則萬物莫不有；因其所無
而無之，則萬物莫不無；知東西之相反而不可以相無，
則功分定矣。以趣觀之，因其所然而然之，則萬物莫
不然；因其所非而非之，則萬物莫不非。（〈秋水〉）

如果萬物從自己的差別性來看，總是自以爲貴，而以別

物爲賤；如果從世俗的觀點來看，貴賤是由世俗決定的，貴
賤又不在乎自己。泯滅了萬物貴賤、大小、有（功用）無（
功用）、是非的差別性，就是不能以物私自的立場去看待萬
物，而需自道的觀點來看待萬物，就沒有相對的差別了。所
以「以道觀之，何貴何賤，是謂反衍。」（〈秋水〉）一切相
對的差別，是相反循環的（反衍）。

第三節　萬物的差異

　　雖從道的觀點，一切沒有相對的差別，但萬物正以其差
別性而自化。

> 梁麗可以衝城，而不可以窒穴，言殊器也；騏驥驊騮，
> 一日而馳千里，捕鼠不如狸狌，言殊技也。鴟鵂夜撮
> 蚤，察豪末，晝出瞋目而不見丘山，言殊性也。（〈
> 秋水〉）

　　棟梁可以用來衝撞城門，但不能用來塞住洞穴，器具的
用途有所不同。良馬一日千里，但不如狸狌會捕鼠，是技能
不一樣，其實技能來自物性。所以貓頭鷹有「夜撮蚤，察豪
末」的本事，這是牠特殊的物性，但晝出睜開雙眼卻不見丘
山。

㈠人不是萬物的權衡

　　萬物以其特殊性自化，正是物之回到自己。

> 昔者海鳥止於魯郊，魯侯御而觴之於廟，奏九韶以爲
> 樂，具太牢以爲膳。鳥乃眩視憂悲，不敢食一臠，不
> 敢飲一杯，三日而死。此以己養養鳥也，非以鳥養養

鳥也。夫以鳥養養鳥者，宜栖之深林，遊之壇陸，浮
之江湖，食之鰌鰍，隨行列而止，委蛇而處。彼唯人
言之惡聞，奚以夫譊譊爲乎！咸池九韶之樂，張之洞
庭之野，鳥聞之而飛，獸聞之而走，魚聞之而下入，
人卒聞之，相與還而觀之，魚處水而生，人處水而死，
彼必相遇異，其好惡故異也。（〈至樂〉）

　　以養鳥的方式養鳥，就是讓鳥回到自己，而不是以養自
己的方式養鳥。前者讓鳥棲止深林中，遊於沙洲上，浮在江
湖上，跟著鳥群的行列而止息，隨順（委蛇）而相處。如果
以人爲造作的方式去干涉，即使以君侯之禮相待，奏九韶的
樂章，陳列在洞庭之野，這是以人的方式來看待萬物，萬物
不能以其差異性而歸回自己。人是萬物之一，畢竟與萬物亦
有其差異，人在此不能做爲萬物的主宰而發號司令，「其好
惡故異」，在根本上就有差別。〈達生〉篇有段類似的敍述：「
昔者有鳥止於魯郊，魯君說之，爲具太牢以饗之，奏九韶以
樂之，鳥乃始憂悲眩視，不敢飲食。此之謂以己養養鳥也。
若夫以鳥養養鳥者，宜棲之深林，浮之江湖，食之以委蛇，
則平陸而已矣。」

　　在廟堂上設筵（觴之），是以君侯之「禮」待之，又奏
九韶之「樂」，這是認爲儒家的禮樂畢竟是以人爲中心的，
與萬物並不相應，故「鳥聞之而飛，獸聞之而走」，故不能
以人的眼光來看待萬物。

澤雉十步一啄，百步一飲，不蘄畜乎樊中。神雖王，
不善也。（〈養生主〉）

澤雉在水澤邊即使走十步才能啄食，百步才能喝水，也

不希望被畜養籠中。雖然不必辛苦覓食而很神氣，但卻是神之不能乘於物之化，游於物之虛，不能相應牠的本性。

人對待萬物的方式，不能以人爲造作及干涉的方式，而要適合於萬物的本性。

㈡不材之木

人不僅以人爲的、造作干涉的方式去對待萬物，而且人以利用的態度，對萬物只是利用。

> 惠子謂莊子曰：「吾有大樹，人謂之樗。其大本擁腫而不中繩墨，其小枝卷曲而不中規矩，立之塗，匠者不顧。今子之言，大而無用，眾所同去也。」莊子曰：「子獨不見狸狌乎？卑身而伏，以候敖者；東西跳梁，不避高下；中於機辟死於罔罟。今夫犛牛，其大若垂天之雲。此能爲大矣，而不能執鼠。今子有大樹，患其無用，何不樹之於無何有之鄉，廣莫之野，彷徨乎無爲其側，逍遙乎寢臥其下。不夭斤斧，物無害者，無所可用，安所困苦哉！（〈逍遙遊〉）

規矩、繩墨是人度量、權衡萬物的方式，樗卻大幹擁腫，小枝卷曲，無法爲匠者所用。所以惠施說它「大而無用」。莊子卻說明有用、無用的觀點要自萬物的差異性去看，就無所謂大小了。否則像犛牛，大如垂天之雲，也是大而無用的，因爲捕鼠不如狸狌；在捕鼠上，狸狌本事大，能將身體卑屈而埋伏，等候游走的小動物，東西跳躍，不避高下。但狸狌卻避不了人設的機關、網羅，因爲人要食狸狌的肉。同樣的，人視樹木只是可利用的木材。

對人無用的物，在人間是「無何有」的，因爲人對萬物

的利用是根深柢固的。所以把它種在虛無的地方，廣漠的原
野上，人與大樹彼此相忘，當人去掉這種利用的態度，人才
可以徘徊樹邊，逍遙地在其下睡臥。對人無用，樹才得以保
全，免受斧頭之害。

　　無所可用的不材之木，在〈人間世〉中有「匠石之齊，
至乎曲轅，見櫟社樹，其大蔽牛，絜之百圍」，及「南伯子
綦游乎商之丘，見大木焉有異，結駟千乘，隱將芘其所藾」。此
兩則均說不材之木，無所可用，乃成大木；正是其無所可用，方
成大用。

　　雖然自道的觀點來看，泯滅了萬物貴賤、大小、有（功
用）無（功用）、是非的差別性，莊子卻在另一種方式下肯
定有超出萬物的「大物」存在。

> 夫有土者，有大物也。有大物者，不可以物；物而不
> 物，故能物物。（〈在宥〉）

　　「大物」是不能視之為萬物之一的，既是物而又不是物，
這才是使物能成為物的。那麼「大物」必停留在物化的層次，是
從物形的層次返回其德，「德至同於初」，回到如一片虛空
的玄德。

> 北冥有魚，其名為鯤。鯤之大，不知其幾千里也，化
> 而為鳥，其名為鵬。鵬之背，不知其幾千里也，怒而
> 飛，其翼若垂天之雲。是鳥也，海運則將徙於南冥。
> 南冥者，天池也。齊諧者，志怪者也。諧之言曰：「
> 鵬之徙於南冥也，水擊三千里，摶扶搖而上者九萬里，
> 去以六月息者也。」野馬也，塵埃也，生物之以息相
> 吹也。天之蒼蒼，其正色邪？其遠而無所至極邪？其

> 視下也，亦若是則已矣。且夫水之積也不厚，則負大
> 舟也無力……風之積也不厚，則其負大翼也無力。
>
> （〈逍遙遊〉）

　　鯤鵬之大都是「不知其幾千里也」，當然係屬「志怪」，
是神話傳說，也是寓言。鯤鵬之大，不是在萬物中為大，萬
物中無有「若垂天之雲」之大物。故鯤鵬一棲於「北冥」，
一棲於「南冥」，「冥」者無有也，皆是「無何有之鄉」；
「冥」就是無，大物棲息於無中。「南冥者，天池也」，簡
言之，南冥是天的誕生地，老子說：「無為天地之始」（〈
一章〉）萬物之「以息相吹」，是像野馬式的塵埃，渾渾滾
滾，是萬物的和諧；「天之蒼蒼」是「正色」，所以天是無
窮遠的（無所至極），鯤鵬一體而化，鵬能「水擊三千里，
摶扶搖而上者九萬里」，始得天之正色。但鵬之「視下」，
萬物的和諧，如野馬式的游氣，也是無所至極的。鯤鵬之大，要
待「水之積」、「風之積」，就是所待者（無窮）大，也就
是所待者是「無」了。鯤鵬之大，是與天一樣誕生於冥冥之
無的。郭象注此節說：「直以大物必生於大處，大處必生此
大物。」[25]

　　大物之大，因其所待者大，是回到無中，回到無中，是
無所不容納，無所不包含，是優游於天地之間的自得。不過，小
大之辯，畢竟落在相對的層次中，所待者大，即使所待者為

25　郭象注，見郭慶藩輯《莊子集釋》，（臺北：河洛出版社，
　　1974），p.4。

無，仍是有待，如列子御風而行，仍是有待（於風），還不是無待本身，至人、神人、真人是無待，另外，風才是無待。

> 蛇謂風曰：「……蓬蓬然起於北海，蓬蓬然入於南海，而似無有……。（〈秋水〉）

風「似無有」，也像「萬物之以息相吹」也「似無有」，而此渾沌蒼茫「起於北海」、「入於南海」，正是風之為「大」，是超出小大之辯的無待。

> 夫大壑之為物也，注焉而不滿，酌焉而不竭。（〈天地〉）

「大壑」指大海，大海如同大的壑谷，可以容納無窮盡的水，故是大的「容器」，「注焉而不滿，酌焉而不竭」，但所容納的本為無限。故大之為大，不是相對之大，正是在其無限大，也就是無。「大物」之為大，是比擬於天地的。

王船山敍述〈知北遊〉篇大旨時，說：「言道者，必有本根以為持守；而觀渾天之體，渾淪一氣，即天即物，即物即道，則物自為根而非有根，物自為道而非有道。非有根者，道之所自運；非有道者，根之所自立。無根則無所為，無道則無可知。」[26] 物即是道，物自為根，物之自化即是「物自為道」，物之自化即是「道之所自運」，物之外「無根」，故物之自化是「無可為」，是自然，亦無可知。

26　王夫之《莊子通・莊子解》，（臺北：里仁書局，1984），p. 184。

第七章　莊子的技藝之道

　　莊子的技藝之道是有承於老子的，老子認為「善行無轍跡，善言無瑕讁，善數不用籌策，善閉無關楗而不可開，善結無繩約而不可解。」（〈二十七章〉）「善為士者不武，善戰者不怒。」（〈三十八章〉）無論「行」、「言」、「數」、「閉」、「結」、「為士」、「戰」，包含了倫理、語言、計算、技術、手藝乃至於軍人、戰爭的，可說均與日常生活有關，均可以達到「善」（即「善於」之意）的層次，就是可以將之「處理」得很好的，也可說是一種「技藝」。不過老子的技藝觀是廣泛地與日常生活有關的，並以「善行」、「善言」為首出，老子的道以倫理學為第一義。無論如何，這些「善」字，即「處理」得很好，均通於「無」的層次。是表示如果在日常生活中，「行有轍跡，言有瑕讁，數用籌冊，閉有關楗，結有繩約」；通過人的超越性，依海德格的說法，是在世存有的超越性，能夠對著道或存有站出來，就可以達到「善」的層次，而這得通過對日常生活想當然爾的生活方式進行否定，種種「不」或「無」的方式，就是從日常生活的「有」返歸於「無」的方式，而可以達到與道相通的層次。

　　老子的技藝之道是個隱含的論題，廣泛地就各種日常生活方式來說，並以倫理學為第一義：「聖人常善救人，故無

棄人，常善救物，故無棄物。」（〈二十七章〉）莊子則集中
自日常生活的「技術」而言，並提升到技巧、技藝大加發揮。

到底莊子的技藝之道包含那些特色？就我們日常生活的
處理事物，在基本層次上涉及手以及工具的問題，如何能技
進於道？從技術到技藝包含有哪些存有論層面？

第一節　從技術到技藝

海德格稱工具爲「及於手邊」，視此爲日常生活中是最
基本的和最直接的方式。在我們日常生活中操縱工具時，必
已與事物有所接觸、涉及。海德格強調：這樣的操縱工具，
是有其存有論涵義的。「但當我們以使用它們和操縱它們，
這活動不是盲目的，它有自己的那種見（sight），由此我們
的操縱被引導，藉此它得到它特殊的『物的』性質。」[1]那
麼這種「見」也是日常生活中最基本的和最直接的「見」了。

日常技術中，有什麼特殊的「見」呢？從工具的「及於
手邊」，我們可以了解這「見」是與手有關的。海德格直接
把技術與手相關聯。「『技巧（craft）』意謂著我們手中的
強度和技術。」[2]手在操縱工具時，必有「強度」和「技術」

1　B. T. p.98.

2　Martin Heidegger, What is Called Thinking? Trans. by J.
　　Glenn Gray,（New York: Harper & Row, 1986），p.16. 以下
　　簡稱W. C. T.。

以構成「技巧」。這就是說日常技術可進而達到技巧的層次。

㈠從技術到技巧

　　爲什麼要從日常技術進展到技巧的層次？「對物的對題之知覺，正好不是及於手邊的工具物在它眞正的『在其自己』而遇到；而是在我們能『顯然地』和『客觀地』通過的不顯著性中被遇到。」[3] 這就是說，如果以工具的「存有」而言，對物是無法產生「對題的知覺」的，因爲工具只是一種「可用性」，「在被使用的工具中，自然以那使用是沿著它被發現的。[4] 因此，只有「忽視」「那種作爲及於手邊的存有」，在離開可用性的顯著性中，物能與我們相遇是在不顯著性中，我們才始有「顯然的」和「客觀的」「對物的對題的知覺」。

　　從日常技術使用工具（及於手邊），到技巧的呈現手邊有一斷裂，關鍵在於前者不能對物產生對題的知覺。換言之，當以技巧來「處理」事物時，它著眼的不是事物的可用性，而是視之爲呈現手邊，能對物有一對題的知覺。「如果他要成爲眞正的做家具者，他要使他自己回應於不同的木頭與沈睡在木頭中的型態。回應於木頭當木頭帶著它本性的富饒進入了人的居住。事實上，這與木頭的關聯正是維持了整個技巧的。」[5] 這裏，眞正的「匠人」要回應於物的本性，只有回應於物的本性，才有對物的對題的知覺。物有「本性的富饒」，

3　<u>B. T.</u> p.405.

4　<u>B. T.</u> p.100.

5　<u>W. C. T.</u> p.14.

只有與此本性的富饒相「關聯」，才能「維持」整個技巧的。物本性的富饒，正是「不顯著性」。

㈡技術與命定

海德格曾將技術與命定（fateful）相關聯。「行爲變成了技術。當某人說某人特別善於（is skilled at）某物，我們仍然應用『某人有天賦且注定於此』這一說法。」[6]日常生活技術是人的天賦，且是他的命運。如果將人的技術配合莊子「道、德、命、物、理、形」的物道結構，那麼技術就是所謂的「且然無閒謂之命」了。不過，海德格技術觀的「善於」，還不是老子所謂的「善」（也可以說是「善於」），因爲老子的「善於」已經是海德格所謂的技巧（技藝）的層次了。莊子的技藝之道，當然也在這層次。

㈢技術與技藝的區分

海德格以希臘文（technē）的兩種含義區分技術與技巧，技術是「意謂完全地熟習某物，去了解和成爲專家，這一認知提供了開放，作爲開放，它是一顯露」，技巧是「顯露了那並不把自己帶出來和不躺在我們眼前的……決定的一點也不在於製造或控制，也不在於手段的使用，而在前述的顯露。」[7]技術是建立在對手邊事物的「熟悉性」，亦即是顯著性，

6　引自Hubert Dreyfus, Being-in-the-world. （Massachusetts: Massachusetts Institute of Technology, 1992）, p.343.

7　Martin Heidegger, The Question Concerning Technology. Trans. by W. Lovitt, （New York：Harper & Row, 1977）, p 13.

視手邊事物爲「可處理的」，視事物爲「製造或控制」甚至
「手段的使用」，是在一使用的方式下成爲專家。但技巧卻
是在以技術的認知所提供的基礎，造成了一「斷裂」，建立
在對手邊事物的陌生性，亦即要把事物的「不顯著性」帶出
來，換言之，要顯露眞正的物性，並回應於它本性的富饒。

㈣**技藝與物理**

　　那麼，技巧或技藝是達到與物理（physis）相通的層次。
物理作爲物的自我顯露，正是存有的活動；「對存有『如何』活
動，physis是個基本字。」[8] 換言之，技巧或技藝之顯露物
之成爲物，只是回應於物的自我顯露。物的自我顯露也即是
物本性的富饒，因爲那正是存有的活動。「爲一呈現的創造
性發生，需要物理在其『壓倒性的力量』中與活動的暴烈、
力量的揮舞者，能於techne 的人交互作用。」[9] 強調物理的
壓倒性力量，是存有本身的壓倒性力量。但能於techne 的人
（正是藝術家而不是工匠），在技巧或技藝中與存有本身的
壓倒性力量交互作用，無論如何是「順從」於存有的活動的。強
調技巧或技藝是「活動的猛烈、力量的揮舞者」，只是相應
於在物的自我顯露中存有活動的壓倒性力量，只是技巧或技
藝「如何」相應於在物中存有活動的「艱難」。

8　Werner Marx, Heidegger and the Tradition. （Evanston: North-Western Univ. 1971）, p.140.

9　同上，p.141.

第二節　技與道

由於技術提升到技巧或技藝的層次，可以達到道的層次。莊子亦從日常生活的技術來說。

(一)手的認知模式

> 輪扁斲輪於堂下，釋椎鑿而上……斲輪，徐則甘而不固，疾則苦而不入。不徐不疾，得之於手而應於心，口不能言，有數存焉其間。臣不能以喻臣之子，臣之子亦不能受之於臣，是以行年七十而老斲輪。（〈天道〉）

雕砍車輪的工匠（名扁），使用雕砍的工具（椎鑿）當然是要「製造」車輪。在這日常生活的技術中，手的操控工具扮演一特殊的角色，它有自己的那種「見」，是一種「基本的」認知模式，這種認知模式依其製造的方式，可以得到物（車輪）的特別知識。「徐則甘而不固，疾則苦而不入」是說雕砍輪樺時慢則甘滑而不能固定，快則苦澀而難入。此時端賴手操控工具時，對要製造的物有所認知。「得之於手而應之於心」，手的運動與心相應，是在專心的狀態下端賴於手的感覺。這種認知模式，說不出來，但是有「數」，是有「道理和方法」的。既然「口不能言」，只能以否定的方式說「不疾不徐」，這種認知模式連親如其子都無法「告知」。日常生活的技術總有其特殊的認知模式——對特殊的物。

(二)從不現到呈現

> 大馬之捶鉤者，年八十矣，而不失豪芒。大馬曰：「

子巧與？有道與？」曰：「臣有守也。」臣之年二十
而好捶鉤，於物無視也，非鉤無察也。是用之者，假
不用者也以長得其用，而況乎無不用者手！物孰不資
焉！（〈知北遊〉）

大司馬家鍛劍的師傅，自二十歲起「持守著」鍛劍的「
愛好」，所以到八十歲毫芒無差。大司馬問他：「你是技術
精巧還是有道呢？」鍛劍雖是製造的技術，但是愛好的持守
使鍛劍超過了只是事物（劍）的可用性，而且離開工具之道
成為自然的事物。他專心於鍛劍，「於物無視，非鉤無察」，
他看不到劍以外的事物，看到的只是劍。劍的使用，是劍的
現實性的呈現，但「用之者，假不用者也以長得其用」，卻
是以其非現實性的不現，超過了現實性的可能性，換言之，
以萬物之道的活動，以增長劍的現實可用性。所以「何況無
不用者乎！物孰不資焉。」

莊子對於技術與技藝的區分是很清楚的。技術是製造與
控制，完全地熟習所要製造的事物，技術的「認知」提供了
技藝去「顯露」了「那不把自己帶來和不躺在我們眼前的」
之可能性。超過了現實性所呈現的可用性（有），要把不現
的（無）帶入呈現。

㈢人與物的相遇

通於天地者德也，行於萬物者道也，上治人者事也，
能有所藝者技也。技兼於事，事兼於義，義兼於德，
德兼於道，道兼於天。（〈天地〉）

「技兼於事」的技，實如希臘字technē，是通於技術與
技藝的兩面相。故技「能於所藝者」，技巧是能夠達到技藝

的。不論技術或技藝，都是人與物的相遇，技術是在製造或控制過程中呈現事物的可用性，技藝則是把沒有呈現的顯露出來，就是在物理與techne 的交互關係中顯露出來，人與物的相遇是一「事件」，所以平常說「事物」。從技之兩面相而論，是兩種對待物的態度，與「上治人」的統治的技術或統治的技藝是相通的，而從技術一定要通到技藝。「上治人事也」緊接著就是「能於所藝者技也」。從最基本的面相看是「技兼於事」，技術總是人與物的相遇，是一事件，而這事件總有合宜不合宜的問題，如輪扁的「徐」與「疾」的問題，所以「事兼於義」。在這合宜與不合宜中，無論是著眼於其現實的可用性或是顯露物尚未呈現的，總是物的存有的問題，所以「義兼於德」。如果要顯露物尚未呈現的，就是道（存有）的活動了，道自不現進入呈現使萬物對我們展現，所以「德兼於道」。至於「道兼於天」，又以「天」爲最高的標準，以與「上治人」呼應，既是道家，至道已足，此句實爲贅詞，不過也正是天道，天道就是〈逍遙遊〉中天籟的自然義，是萬物的「自取」，而成爲自己。「上治人事也」原文脈絡是講聖人統治的技藝，或可改成「與物遇者事也」，較妥適。

「德」本是萬物得之於道者，在其有原來自無的層次上，正可以會通於所謂「無爲天地之始」的，故「通於天地者德也」。道則是活動於萬物之中，故「行於萬物者道也」。

第三節 物理與技藝

　　道在物理與技藝的交互關係中顯露，只有「能於所藝者」。
把自己調適入這交互關係中，才能見到物的眞理。「此有（
人）向前達到的揭露性的基本姿態，是尋求將存有物以其自
己的方式安立。」[10]「物以其自己的方式安立」，正是「物
理」，也可以說是「物化」。

　　「存有（道）的本質是物理。顯現是出現的力量。顯現
使得呈顯，那麼我們已知道那存有，顯現，引起從隱蔽中出
現，既然存有物本身是（is），它把自己放在並站在開顯性
中。」[11]存有是「從隱蔽中出現」，出現到「開顯性」中，
這正是從無中出現到有中，道是出現的力量，物是站在開顯
性中。「它（物理）指自我──開放的出現（例如玫瑰的開
放），打開、展開，那在這展開中呈顯出它自己並且保存和
忍耐的，物的出現和徘徊的領域。」[12]這樣，物化是從呈現
回到從隱蔽中出現的呈顯性中，以莊子的說法是回到「物之
初」。

　　從技術到技藝，是「此有」（人）「向前達到的揭露性

10　Hubert L. Dreyfus & Harrion Hall edited, <u>Heidegger: A Cri-</u>
　　<u>tical Reader.</u>（Illinois: Black Well, 1992）, p.183.

11　<u>I. M.</u> p.86.

12　<u>I. M.</u> p.10.

的基本姿態」，揭露在物中活躍的存有的力量，即尋求「物
以自己的方式」安立。

㈠物性的了解

> 東野稷以御見莊公，進退中繩，左右旋中規。莊公以
> 爲文弗過也。使之鈎百而反。顏闔遇之，入見曰：「
> 稷之馬將敗。」公密而不應。少焉，果敗而返。公曰：
> 「子何以知之？」曰：「其馬力竭矣，而猶求焉，故
> 曰敗。」（〈達生〉）

東野稷以善御事魯莊公，御馬進退如繩般直，左右旋轉
如規般圓，魯莊公以爲組繡織文不能過此之妙[13]。魯莊公就
教他使馬像鈎一樣旋回一百次，皆能回到原來的痕跡上。結
果顏闔碰到了，說東野稷的馬將失敗，因爲「馬力竭矣，而
猶求焉。」這正是物不能「以自己的方式安立」，不合物理，不
合道。御馬的技術，可以使馬如繩墨規矩，這是在技術層次
上對物的控制，猶需要對物性的了解，違反呈現的物性，連
技術也然失敗。

> 馬，蹄可以踐霜雪，毛可以禦風寒，齕草飲水，翹足
> 而陸，此馬之眞性也。雖有義臺路寢，無所用之。及
> 至伯樂，曰：「我善治馬。」燒之，剔之，刻之，雒
> 之，連之以羈馽，編之以皁棧，馬之死者十二三矣；
> 饑之，渴之，馳之，驟之，整之，齊之，前有橛飾之

13　成玄英疏，見郭慶藩輯《莊子集釋》，（臺北：河洛出版社，
　　1974），p.660。

患，而後有鞭策之威，而馬之死已過半矣。陶者曰：「我善治埴，圓者中規，方者中矩。」匠人曰：「我善治木，曲者中鉤，直者應繩。」夫埴木之性，豈欲中規矩鉤繩哉？然且世世稱之曰：「伯樂善治馬而陶匠善治埴木。」（〈馬蹄〉）

馬的真性是在曠野裏「踐霜雪」、「禦風寒」，吃草飲水，舉足而跳。善治馬的伯樂卻烙印、剪毛、剔蹄、加馬勒、加木柵，已違反馬的本性。又讓牠飢餓、快跑、乾渴、奔馳，又使馬群整齊，前加馬纓，後有鞭策，致使馬死過半，這樣的技術是不能讓馬以自己的方式安立。伯樂是以人的方式來治馬，不是基於對馬性的瞭解。陶匠製陶器，只能中規中矩；木匠使彎木合鉤，直者如繩。陶器或製木，是要相應其質料的本性，不是以人為的規矩、鉤繩作為衡量的標準，故伯樂和陶匠只是在技術層次上人為的控制和製造，不達技藝層次。

㈡技與命

孔子觀於呂梁，懸水三十仞，流沫四十里，黿鼉魚鱉之所不能游也，見一丈夫游之，以為有苦而欲死也，使弟子竝流而拯之。數百步而出，被髮行歌而游於塘下。孔子從而問焉，曰：「吾以子為鬼，察子則人也。請問，蹈水有道乎？」曰：「亡，吾無道，吾始乎故，長乎性，成乎命。與齊俱入，與汩偕出，從水之道而不為私焉。此吾所以蹈之也。」孔子曰：「何謂始乎故，長乎性，成乎命？」曰：「吾生於陵而安於陵，故也；長於水而安於水，性也；不知吾所以然而然，命也。」（〈達生〉）

瀑布三十仞高，水花流濺四十里，激流險急至爬蟲魚鱉都不能游，一丈夫遊之，居然散髮唱歌。故孔子以爲是鬼，後來察看才知是人，就問他「有道乎」？他答：「始乎故，長乎性，成乎命」。「故」是他誕生之處，他「生於（丘）陵而安於陵」，「性」是他養成的天性，他「長於水而安於水」，「命」是他的命運，他不知爲什麼他會如此就成爲如此。所以「始乎故」是他誕生之處就是道開顯的處所，必有所得於道者，在他還沒有形成形體之前就不停息的成爲他的命運，在他形成形體以後就成了他的性格。此段解技藝與命運的關係，此人有他的天賦且注定於此，就成了他的命運。此段並相應物道的結構：道、德、命、物、理（性）、形中的德、命、物（人）、性。不過，技藝總是與物相遇的事件，在不以私意穿鑿、干涉的情況下，讓物成爲物，這意謂著讓物化發生，故「從水之道而不爲私焉」。

(三)技藝與心齋

> 梓慶削木爲鐻，鐻成，見者猶驚鬼神。魯侯見而問焉，曰：「子何術以爲焉？」對曰：「臣工人，何術之有！雖然，有一焉。臣將爲鐻，未嘗敢以耗氣也，必齊以靜心。齊三日，而不敢懷慶賞爵祿；齊五日，不敢懷非譽巧拙；齊七日，輒然忘吾有四肢形體也。當是時也，無公朝，其巧專而外滑消；然後入山林，觀天性；形軀至矣，然後成見鐻，然後加手焉；不然則已。則以天合天，器之所以疑神者，其是與！」（〈達生〉）

「鐻」有說是樂器，有說是懸鐘鼓的雕飾。「齊」字有作「齋」字，「齋以靜心」總是心齋的工夫，不過「不敢懷

慶賞爵祿」、「不敢懷非譽巧拙」與「忘吾有四肢形體」卻
是坐忘的「墮肢體、黜聰明」了。這時技巧專一而心不至「
外滑」。這裏類似胡賽爾的現象學排除工夫，是把一切日常
生活的自然態度以及生物，以及我們自己都排除掉，以漠然
的觀察者身分，去觀山林之性。但是「天性」即是物之本性，道
要把意識主體泯沒，物才會從自己出現，這才是天性。「形
軀至矣」才是物的從自己出現，這時好像鐻已成形，然後才
下手去做，否則就算了。合乎物的本性正是「以天爲天」。

> 百里奚爵祿不入於心，故飯牛而牛肥……宋元君將畫
> 圖，眾史皆至，受揖而立；舐筆和墨，在外者半。有
> 一史後至者，儃儃然不趨，受揖不立，因之舍。公使
> 人視之，則解衣般礴臝。君曰：「可矣，是眞畫者。」
> （〈田子方〉）

這也是「不敢懷慶賞爵祿之心」，並無視於「非譽巧拙」，
也忘掉人間的禮義，所以逕自到畫室解衣赤體，所以宋元君
視爲眞畫家。

㈣指與物化

> 工倕旋而蓋規矩，指以物化而不以心稽，故其靈臺一
> 而不桎。忘足，履之適也；忘要，帶之適也；知忘是
> 非，心之適也；不內變，不外從，事會之適也。始乎
> 適而未嘗不適也，忘適之適也。（〈達生〉）

工倕是巧匠，用手指旋轉就超過衡量的規矩方圓。他憑
藉的是手的感覺，手有具體的認知模式，而合乎物的從自己
出現，隨著物形而變化，甚至隨著物化本身；就無需依賴用
心去衡量了。心要忘掉是非等人間的成心，即所謂「去知」，既

是讓心虛靜下來，心就不會激盪外滑，正好是「適於」與物的相遇，這是一事件也是一交會，連這「適於」與物的相遇也忘卻，只是手指隨著物化而旋轉。

> 仲尼適楚，出於林中，見痀僂者承蜩，猶掇之也。仲尼曰：「子巧乎？有道邪？」曰：「我有道也。五六月累丸二而不墜，則失者錙銖；累三而不墜，則失者十一；累五丸而不墜，猶掇之也。吾處身也，若厥株拘；吾執臂也，若槁木之枝；雖天地之大，萬物之多，而唯蜩翼之知。吾不反不側，不以萬物易蜩之翼，何為而不得！」孔子顧謂弟子曰：「用志不紛，乃凝於神……」（〈達生〉）

痀僂者或是駝背的人，用竹竿黏蟬，好像直接用手拾取一樣。他為了訓練手的平衡能力，讓竿頭不動，學了五六個月，能在竿頭上疊放兩個彈丸，有這樣的能力就很少會失手了。他就這樣一直練到在竿頭上疊放五個彈丸而不墜落。這樣練，是為了讓身體如枯樹，手臂如枯枝，這也是坐忘的離形去知，故「唯蜩翼之知」，是凝神於技藝所及的事物；蟬翼的顫動，是蟬的從自己出現。「不紛」，只是專注，故「凝於神」，可以乘物之化，游物之虛，感應蜩翼的輕微顫動。

(五)技藝與至人

> 顏淵問仲尼曰：「吾嘗濟乎觴深之淵，津人操舟若神。吾問焉。曰：『操舟可學邪？』曰：『可，善游者數能。若乃夫沒人，則未嘗見舟而便操之也。』吾問焉而不吾告，敢問何謂也？」仲尼曰：「善游者數能，忘水也。若乃夫沒人之未嘗見舟而便操之也，彼視淵

若陵，視舟之覆猶其車卻也。覆卻萬方陳乎前而不得
入其舍，惡往而不暇！以瓦注者巧，以鉤注者憚，以
黃金注者殙。其巧一也，而有所矜，則重外也。凡外
重者內拙。」（〈達生〉）

學習操舟，如果是善泳者只需要經過學習幾次就可以學
會，因為善泳的人「忘水」。善泳者及於水，他由技術層面
的對水熟悉，到技藝層面的水從自己的本性出現，則是道的
活動使水從自己的本性出現，他所注意的已是道的活動，所
以「忘水」。至於善潛水的人（沒人），根本「忘舟」，一
到舟上就自然地駕駛起來，因為看深淵如丘陵，翻船如倒車。道
的活動，使萬物自隱蔽狀態中出現，善潛水者潛入深淵淵底，與
水的隱蔽狀態相應合，自不把翻船當一回事，他之操舟正是
與「工具」合一，而與水的隱蔽狀態相應了。

列御寇為伯昏無人射，引之盈貫，措杯水於其肘上，
發之，適矢復沓，方矢復寓。當是時猶象人也。伯昏
無人曰：「是射之射，非不射之射也。嘗與汝登高山，
履危石，臨百仞之淵，若能射乎？」於是無人遂登高
山，履危石，臨百仞之淵，背逡巡，足二分垂在外，
揖御寇而進之。御寇伏地，汗流至踵。伯昏無人曰：
「夫至人者，上窺青天，下潛黃泉，揮斥八極，神氣
不變，今女怵然有恂目之志，爾於中也殆矣夫！」（
〈田子方〉）

列禦寇拉滿弓，放杯水到左手肘上，一箭方發另一箭已
搭在絃上，第二箭剛射出去，第三箭又搭在絃上，人此時如
同木偶（象人）般。伯昏無人卻說這只是射，只是技術的巧

妙，而不是「不射之射」，而不是技藝層次的乘物之化。這是說列禦寇雖然如同木偶，但道沒有達到真正的離形去知，真正的離形去知要忘掉自己的生死，如同沒有人在射一樣。於是登高山，踏危石，面臨百仞的深淵，背還在移動，腳還有兩分踏空。箭手專注於目標，要徹底的「喪我」。他拉列禦寇上前，列禦寇趴在地上，緊張得汗流到腳跟。伯昏無人說：「至人（人達到極至）上窺青天，下潛黃泉，正是上合天道，下已超脫生死，所以揮斥八方，神氣不變。」看你目眩心搖，你已感受到危險了。所以技藝之道的極至是達到至人的境界，列禦寇還只在射箭的技術層次。

第四節　由技入道

莊子不但將技術與技藝區分，並將技藝之道闡說詳盡，並將自技術提升到技藝的過程有清楚的闡明。

㈠由技入道

庖丁為文惠君解牛，手之所觸，肩之所倚，足之所履，膝之所踦，砉然嚮然，奏刀騞然，莫不中音。合於桑林之舞，乃中經首之會。文惠君曰：「譆，善哉！技蓋至此乎？」庖丁釋刀對曰：「臣之所好者道也，進乎技矣。始臣之解牛之時，所見無非牛者。三年之後，未嘗見全牛也。當今之時，臣以神遇，不以目視，官知止而神欲行。依乎天理，批大郤，導大窾，因其固然。技經肯綮之未嘗，而況大軱乎！良庖歲更刀，割也；族庖月更刀；折也。今臣之刀十九年矣。所解數

千牛矣，而刀刃若新發於硎。彼節者有閒，而刀刃者
無厚，以無厚入有閒，恢恢乎其於游刃必有餘地矣，
是以十九年而刀刃若新發於硎。雖然，每至於族，吾
見其難爲，怵然爲戒，視爲止，行爲遲。動刀甚微，
謋然已解，如土委地。提刀而立，爲之躊躇滿志，善
刀而藏之。」文惠君曰：「善哉！吾聞庖丁之言，得
養生焉。」（〈養生主〉）

　　廚子好的是「道」，超過了宰牛的技術（進乎技矣）。
宰牛是日常謀生的技術，刀是所使用的工具。剛開始宰牛時，所
見的無非是牛的形體。當手使用工具在技術的層次上依賴的
是「軀體的知覺」，對物的知覺也是軀體的知覺。用眼睛看
（目視）與運用各種感官的知覺（官知），對所要處理的物
有一控制，在與物的「相遇」上是視牛爲可以處理的。工具
（刀）只是爲了達到宰牛的目的。所以一般的廚子（族庖）
每月換一把刀，因爲用刀砍牛砍及骨頭，刀刃易折；好的廚
子（良庖）用刀割肉，一年換一把刀。「割」字另或亦可作
北方土言之「豁」字，即「刀刃傷缺」之義[14]。在技術的層
次上已有一般的和好的兩種區分。差別在乎好的廚子在物形
之間會順著其條理（理），所以用「割」；對工具的態度也
有所不同。順著物形之間的條理，較不易傷及工具。廚子在
技術的層次上是對牛體的完全熟悉，軀體的知覺提供了基礎，在
「三年後，未嘗見全牛」時已成「良庖」，從「砍」到「割」。

14　高亨《莊子今箋》，（臺北：中華書局，1973），p.18。

㈡物之虛

軀體的知覺所提供的，只是熟悉物形所呈現的條理。但要技進於道，對物的態度就有了改變，是要將物中所隱藏的帶出來。物不僅是物形所呈現的條理，物形所呈現的條理，正是自隱蔽的，不現的狀態中自我顯露出來，他視物有一「本性的富饒」。物再也不是那麼熟悉的，在物中有道的活動。所以，每至於筋肉聚結處（族），就視其難以處理（難為），心中警惕（怵然為戒），不用刀「割」，而是順著脈絡謹慎進行，眼睛注視（視為止），行動緩慢（行為遲），動刀很微妙（動刀甚微）。要進入物所隱蔽的，不現的狀態，正在於物之虛處。物之虛處正是道的活動開始之處（天理），要依其成形之前的狀態（因其固然），刀要進入筋骨之間的空隙（批大郤）與骨節中空的地方（導大窾），進入物之虛處。人與工具，要自物之虛處開始進行，所以「彼節者有閒，而刀刃者無厚，以無厚入有閒，恢恢乎其於遊刃必有餘地矣。」刀刃進行，既不經經絡相連與筋骨盤結處（技經肯綮），又何況是大骨頭（大軱）呢。十九年後，刀仍像新磨的一樣（若新發於硎）；他對待刀的態度，也並非僅是為處理事物，達成目的的手段。刀刃的「無厚」正是相應於物之虛，這是「工具之道」，他把刀擦拭好而收藏起來（善刀而藏之）。

㈢神與養生

技藝所達到的境界，就是道的境界。當人對物不再視之為呈現的物形，而視之為道的活動，人亦由此而瞭解自己，畢竟「所好者道也」。廚子在技術層次上軀體的知覺，提供了在技藝層次上「去顯露物所隱蔽的」之基礎。「官知止」

並非只是停止所有感官知覺，而是不以感官知覺做主，是以「神」做主，「神」是介於道與德之間的層次，是人所受於道，相當於老子「玄德」的層次。王夫之以意解之曰「行止皆神也，而官自應之。」[15] 感官與神相應，神與物之虛「相遇」，所謂「以神遇」而「不以目視」，目視所遇的物是在物形的層次，只停留在技術層面。

　　在技術層面上，人依賴軀體的知覺與物相遇，畢竟為技藝層面的顯露物理（依乎天理）提供了基礎。故「手之所觸，肩之所倚，足之所履，膝之所踦（壓）」的「解牛」動作，莫不是官知與神相應而行，而不心猿意馬。牛骨與肉相分離的聲音（砉然嚮然），進刀的聲音（奏刀騞然），莫不合乎音節（莫不中音），既如音樂（乃中經首之會）復如舞蹈（合於桑林之舞），解牛已至藝術境界了。

　　以由技入道來說明「養生」，亦可說養「生主」，「生主」即「神」也，只是「循虛而行」。王夫之在「每至於族」一段解：「比喻陰陽人事患傷吾生者，靜而持之以慎，則不與相觸，但微動之而自解也」[16]，最得此篇大義。

15　王夫之《莊子通‧莊子解》，（臺北：里仁書局，1984），p. 30。

16　同註15，p.31。

第八章　莊子的語言之道

老子的語言之道，是「道之出口，淡乎其無味。」（〈三十五章〉）。即是以一體道的聖人而言，聖人之出口即是道的言說，當道與萬物有其差異，語言是道的震動，遠離「五色」、「五音」、「五味」的盲爽發狂，而是「淡乎其無味」。

老子在開章明義中就說明道與語言的關聯。「道可道，非常道，名可名，非常名。」（〈第一章〉）都是在說明道雖或可道可名（如無和有），但已非常（常久）道常名。

但老子的「善言無瑕瓃」（〈二十七章〉）是說「善於言說的人」，那麼「善於言說」竟可說是「說話的技藝」，「善於」即是「擅於手藝」了。語言與技進於道，有什麼關聯？

莊子認為「知者不言，言者不知，而世豈識之哉！」（〈天道〉）言說是對知（道）的否定，所以知（道）者「不言」。這與老子的可道可名已非常道常名是一致的。對言說的否定，莊子所舉的例證是老輪扁的「得之於手而應於心，口不能言」（〈天道〉）。透過手藝的特殊的見，特殊的認知模式，即是透過手藝的知（道），來否定言說與道的不相應與不一致。日常生活（世）的言說，是在什麼樣的認知模式中？為何無法知（道）？如果語言與手藝相結合，能否有一新的認知模式，而與道相應？

第一節　隱喻與寫作

尼采視一切理性的信仰是來自於「語言」形上學，是「語言」支持了理性形上學。理性形上學就奠基於語言的基礎，語言文法本身的錯誤，就支持了理性的偏見。

㈠自我概念的虛構

尼采視西方傳統形上學爲「一個錯誤的歷史」，這是說形上學受制於語法結構。「視所有的活動受制於一作用者——主體，這僅是語言的陷阱（理性僵硬在語言裏的主要謬誤）……但並沒有一個這樣的作用者存在；在動作、行爲、變化背後並無所謂『存有』；『行爲者』單純只是在行爲之上所加的想像——動作本身才是一切。」[1]語法結構是主賓辭結構，如果賓詞表達了主詞的狀態，主詞成爲賓詞的「作用者」，尼采說「這僅是語言的陷阱」，「主體」和「作用者」只是「想像」的產物，否則當使用主賓詞結構去表達一切事物時，均將產生作用者（主體）與作用（活動）的分裂。尼采視一切事物僅是「動作、行爲、變化」的現象，在現象的背後無有「存有——主體」。

不僅是「存有——主體」，事實上「存有——主體」是

1　Friedrich Nietzsche, Toward a Genealogy of Moral. in The Philosophy of Nietzsche. （New York: Randon House, ）Trans. by Horace B. Samuel, p.659.

來自「自我——實體」的投射，相信自我作爲存有。「語言
的根源，屬於心理學最初形式的時代。當我們在意識以前召
喚語言形上學的基本預設，逕直地說，那是理性的預設，就
進入了粗糙的偶像領域。任何地方，它看到行爲者和行爲；
它相信意志作爲原因；它相信自我，相信自我作爲存有，相
信自我作爲實體，它把自我——實體的信心，投射於所有事
物之上——只有那樣，它才第一次創造了事物的概念。」[2]
在語言的根源中是「相信」，成爲「理性的預設」，也成爲
「粗糙的偶像領域」，這是在意識——語言之前的。語言的
形成，是因爲「相信自我」，「自我」即是「意志」作爲活
動的原因，而所謂「自我」即是「存有」也即是「實體」，
就把這信仰或信心「投射到所有事物之上」。理性形上學就
來自理性「心理學的最初形式」，只是「相信」自我作爲存
有也作爲實體。尼采在質疑語言形上學的理性預設時，也連
帶摧毀了形上學基礎的因果概念，既然沒有自我——實體作
爲原因，也當然沒有隨著原因而來的結果，一切只是現象的
活動和變化。

　　尼采在摧毀自我概念之後，也摧毀統一的概念。「我們
需要統一以便計算；那並不意謂我們必要假設這統一存在。
我們從『自我』概念借取了統一概念——我們的信心的最古
老的條目。如果我們並未將自己認爲是統一，我們將從未形

2　Friedrich Nietzsche, The Twilight of the Idoles. Trans. by R. J. Hollingdale. (New York: Penguin Group, 1968) , p.48.

成『事物』的概念。」[3] 自我的統一與事物的統一，都來自自我——實體的虛構；如果淘汰了統一概念，甚至於也要淘汰對立概念，既然一切只是現象的變易、活動。「例如，通過事件拍子的相異（休息——動作，肯定——放鬆：對立不存在於它們自己，那實際只表達程度的變化。」[4] 所以對立概念並不存在，現象的變化是一「事件」，只有「拍子的相異」，這是事物在程度上的變化。

(二)風格與隱喻

當尼采將形上學視爲語言學上的錯誤，那麼語言不能運用爲概念化的思考，而是在概念化活動之前。「關於促起表達的問題，這是我們『風格』概念的起點。畢竟是，不要思想！……渾沌的再發生——渾沌促使表達。」[5] 語言的表達，只有面對「渾沌」，所謂「渾沌」是沒有統一，沒有對立，沒有自我作爲存有，對尼采而言，這是「風格」的起點。「對立的混淆，與伴隨著的透視的轉換，也許是多樣風格的例

---

3   Friedrich Nietzsche, <u>The Will to Power.</u> Trans. by Walter Kaufuman, （New York: Randon House, 1968） p.338. 以下簡稱<u>W.P.</u>

4   <u>W.P.</u> 298.

5   Friedrich Nietzsche, <u>The Case of Wagner.</u> Trans. by Walter Kaufuman, （New York: Randon House, 1967）, p.167.

子。」[6]沒有固定的風格，祇有「多樣的風格」，這是因爲「透視的轉換」。「我們具有的不過是事物的隱喻……像在主體與客體間，沒有因果性，沒有精確性，沒有表現，最多是一個審美的關係。」[7]去除掉眞理的可能性，既沒有「因果性」與「精確性」，最多是「審美關係」，也恢復了語言的「隱喻」性。

㈢人與存有共同隸屬

海德格也同樣攻擊西方傳統的語法結構。「眞理的本質是同一，完全離開了是否人類知識能否實際地演示一切眞理的問題。」[8]這就表示西方傳統形上學的眞理觀，本質上是「同一」，是人類知識無法實際演示的。所謂「同一」是什麼呢？「在每一眞實陳述中，主詞必然包含賓詞於自己之中，當它明確地包含（ A ＝ A ），就有同一性；當它不明確地包含，我們是在處理隱藏的同一。」[9]不過海德格感興趣的並非邏輯

6　Gayatri Chakravorty Spivak, translator's Preface of Jacques Derrida's Of Grammatology（Baltimore: John Hopkins Univ., 1974）p.xxix.

7　轉引自Allan Megill, Prophets of Extremity.（Berkeley: the Univ of California, 1985）p.51.

8　Martin Heidegger, The Metaphysical Foundations of Logic. Trans. by Michael Heim,（Bloomington: Indiana Univ. 1984）p.39. 以下簡稱M.F.L

9　M.F.L. p.32.

的同一律，而是存有論，即每一存有物是「它自己『是』與它自己相同。」[10]同一原則說到存有物的存有。海德格更從巴門尼底斯的斷片中推論「對相同、知覺和思考，所相同的，是（人的）思考和存有，故「思考和存有共同隸屬於相同。」[11]這樣，存有（道）與思「共同隸屬」。

思考既與存有共同隸屬，由思考而「說」（say），基本上是存有的震動。思考不再只是邏輯操作的技術，海德格甚且認為思考是最艱難的手藝。「且只有當人說，他才思考……一切手的工作奠基於思考中。因此思考本身是人最單純的，也因此是最難的手藝（craft）。」[12]技術的思考是如何使用事物，奠基於存有的先在了解，是在日常生活中想當然爾的使用方式中；手藝或技藝的思考，是與存有共同隸屬。故「一切手的工作奠基於思考中」，思考是把人調適到與存有的共同隸屬，並非複雜的操作技術，「是人最單純的」；但思考正如手藝或技藝要知覺到存有在存有物中的震動，故「是最難的手藝」。既然「當人說，他才思考」，那麼「說」也是「最難的手藝」。

10　Martin Heidegger, Identity amd Difference. Trans. by John Stanbauch,（New York: Harper & Row, 1969），p.27. 以下簡稱I.D.

11　I.D. p.27.

12　Martin Heidegger, What is Called Thinking. Trans. by J. Glenn Gray,（New York: Harper & Row, 1968）p.16.

(四)詩的思考

海德格也談到「說」與道的關聯。「在老子的詩思（poetic thinking）中的關鍵字是道（tao），這個字『適當地說』是道路（way）。」[13]道也就是「適當地說」，「說」要找出一「道路」去「適當地說」，能「適當地說」是詩的思考。這樣，詩與思考也可以說是共同隸屬，成為說的模式。「詩與思考是說的模式，把詩與思考一起帶入鄰近界域的鄰近性，吾人稱為說。」[14]說既「把思考一起帶入鄰近界域的鄰近性」，那麼說的本性，適當地說，是詩思。更進一步，語言的本質就是詩。

詩的思考，能夠呈現人與存有的共同隸屬，這正是「鄰近界域的鄰近性。」那麼詩的詩考，首先是存有的震動；存有即是「適當地說」。不論在說或者詩的思考中，必然思考到存有的顯現及不現。「說意謂去顯示，讓其出現，讓其被看見並被聽到……未說出的……居住在隱蔽和不可顯示的，是神秘。」[15]說是「去顯示」，去讓一事物出現在存有的震動中，但「未說出的」是相應於存有的隱蔽，是神秘。而一切說出的，其實是來自未說出的——存有的隱蔽。而說出的，是

13　Martin Heidegger, <u>On the Way to Language.</u> Trans. by Peter D. Hertz,（San Francisco: Harper & Row, 1971） p.92. 以下簡<u>O.W.L.</u>

14　<u>O.W.L.</u> p.107.

15　<u>O.W.L.</u> p.122.

「跡」。「語言存有的這統一，我們所尋求的，我們將稱爲設計……『符號』在設計中去割有關如在鋸子、區域、切線，設計是切出一跡（trace）。」[16]「說出的與未說出的」，是「語言存有的統一」，現在稱爲「設計」。「設計」所使用的「符號」，並非作爲日常的傳達工具使用，而是「詩語」，「詩語」切出一「跡」，當然，詩語是技藝，使存有本身顯現，這是存有眞理的來到。

當海德格以調適事件（the event of appropriation）來說明人與存有的彼此隸屬，人和存有在它們的本性中相遇。人的不斷調適到存有中，存有的不斷調適到人中，這使得語言成爲無盡顯示的過程。「思考從語言接受了自我——懸擱的結構。因爲語言是最精緻的，並且是最敏感的震動，在調適的懸擱結構中把握每一事件。」[17]調適事件的「懸擱結構」在於總已是人與存有的相互隸屬，而人的語言總已是有限性的，存有在語言的顯示時，總已是同時隱蔽的。海德格提到死亡與語言的基本關係，「文字在原創性說出的顯示中之破滅，在海德格思想的一個構成層次……『向死的存有』（Being-Toward-Death）有一精確的參照點。」[18]這就意謂語言自我——懸擱結構之有限性，原創性的說雖能顯示，但迅即落入作爲工具的符號，這是詩語的破滅。

16　O.W.L. p.121.

17　I.D. 38.

18　Gianni Vattimo, The End of Modernity. （Great Britain: Polity, 1988）p.69.

當海德格由存有的思考破解了西方傳統形上學的同一邏輯，他視神話為「存有的記憶」，這與作為邏輯起源的邏各斯沒有什麼不同。「神話是最先地和眞實地關注於所有人類的申訴，使人思考到什麼出現了，在存有物中是什麼，邏各斯說的與之相同。」[19] 那麼神話甚至邏各斯也就是古代的詩了。

㈤寫作與差異

德希達的主要著作書名為 Of Grammatology 即意為「寫作的科學」，這是把語言理論不定位於言說（speech），而奠基於寫作。他由索緒爾的語言理論開始說明。索緒爾界定語言為符號系統，而視「符號是任意的和專斷的，而每一符號不由基本的性質，而由與其他符號的區分中界定。」[20] 那麼沒有一個符號辭語常是單純的和完全呈現，這裏從不能呈現「與其他符號的區分」亦即是「差異」。他稱西方傳統形上學為邏各斯中心主義和語音中心主義，也就是強調「呈現」的形上學。他策略性的以「延異」（differance）來表達差異的運動。一個僅能靠書寫而不能讀出的 a ，正表示他從拼音到寫作的重心移轉。

延異運動包含相異（differing）、延遲（deferring）和迂迴（detour），正是德希達用以描寫跡的運動。「跡的運

19　W.C.T. p.10.

20　John Sturrock edited, Structuralism and Since. （New York: Oxford Univ., 1979） p.166.

動是生命藉延遲危險的包圍來保護自己的努力。而一切概念
的對立……像一迂迴的運動把每一概念關聯到他者，在延異
的簡化中（economy）。」[21] 對立概念的任一概念，只是他
者（另一概念）的相異和延遲，「延異的簡化」是這樣的「
迂迴運動」。德希達緊接著說，這種概念的對立是「理論的
虛構」，祇是「延異作爲迂迴」。跡的運動畢竟是「向死的
存有」（海德格語）的企圖，如果依海德格：語言是存有之
屋，藉此人才能「詩意地居住」，語言在原創性說出的顯示
中之破滅，就使人在斷垣殘字中對危險而暴露，那麼語言自
我懸擱的有限性只有不斷在廢墟中再造。當德希達說跡的運
動「延遲危險的包圍」，也就意涵著無盡的書寫。

　　當德希達「質疑同一的觀念，視同一爲無物，而本文的
遊戲爲一切」[22] 時，既在破解邏輯的同一律，也在破解渴望
中心的傳統形上學。「這對中心的渴望，權威化的壓迫，產
生了階層化的對立。較高的辭語屬於呈現和邏各斯，較低的
用以界定其地位和標識其墮落……在理智與感性、靈魂和身
體之間的對立……。」[23] 同一邏輯是以邏各斯或語音爲中心，
呈現形上學，「理智與感性」中「理智」屬於呈現，是較高
的，對「身體」產生「權威化的壓迫」；一切概念的二元化

21　Jacques Derrida, Margins of Philosophy. Trans. by Alan Bass.
　　（Chicago: The Univ. of Chicago, 1982）, p.18.

22　同註 7 ，p.300.

23　同註 6 ，P.1xix

對立。總是預設同一的呈現中心爲較高者「權威化的壓迫」較低者。德希達定義延異爲「『使被呈現的呈現可能』，而且是那『未呈現者』『從未提供給呈現』和『保留自己，不揭露自己』。」[24]這當然回響著海德格存有運動的解蔽──隱蔽，延異可以說是海德格存有論差異（存有與存有物）的運動，但現在延異不僅是存有論差異的運動，也展開其他差異如自然與文化，男人和女人，延異指的正是差異本身的運動。

德希達宣稱他的解構運動是「去『解構哲學，將是在更忠實、內部的方式下去思考哲學概念的結構起源，也同時由哲學無法限定和命名的某些外部去決定這歷史能夠掩飾和禁止的是什麼……。」[25]所謂「內部」是同一的呈現中心，以延異運動作爲「哲學家概念的結構起源」；所謂「外部」是不現的、隱蔽的「他者」，也是「哲學無法限定和命名的」。當「這歷史」以較高的概念產生「權威化的壓迫」，它「所掩飾的和禁止的」正好是較低的概念反過來成爲隱蔽的、不現的一部分；不過延異不僅於此，延異是產生概念對立系統的運動，早已喪失中心。

24　Luc Ferry and Alain Renaut, French Philosophy of the Sixties. Trans. by Mary H.S. Cattani, (Amherst: The Univ. of Massachusetts,1990). p.125.

25　Jacgues Derrida, Positions. Trans. by Alan Bass. (Chicago: The Univ. of Chicago,1981) p.7.

寫作是指涉的無盡努力，一切呈現也隱蔽了在它之中的某些東西，既然所指（signified）的根源必然不現，一切呈現的也總已撤回，一切成為寫作的論述。我們需要的是符號無止盡的重覆。

第二節　道、意、言、辯

〈天道〉中老輪扁斲輪的手藝，是「得之於手而應於心，口不能言。」這是說手藝是言說（語音）不能表達的。技藝可以說是言說的他者，是言說所不能呈現的。

㈠不可言傳

> 世之所貴道者書也，書不過語，語有貴也。語之所貴者，意也，意有所隨。意之所隨者，不可以言傳也，而世因貴言傳者。世雖貴之哉，猶不足貴也，為其貴非其貴也。故視而可見者，形與色也；聽而可聞者，名與聲也。想乎，世人以形色名聲為足以得彼之情！」
>
> （〈天道〉）

世俗所看重道的，是書。莊子並不從寫作的觀念來看「書」，而視書（本文）為（聖人）說出的「言說」，言說有可貴的。言說有可貴的，是因為（聖人）之意，意則有特定的情境（意有所隨），這特定的心境是無法言傳的。聖人在特定的心境中與物相遇，在意之超越萬物之上，對道而站出來，故意是「不可言傳」而歸於沈默。形色是可見的，名聲是可聽的（與言說在同一層次），形色名聲不足以「得彼之情」，「彼」不論指道或意，總在不可見不可聽的層次，相

對於言說的呈現，正好是不現。

> 夫六經，先王之陳跡也，豈其所以跡哉！今子（孔子）
> 之所言，猶跡也。夫跡，履之所出，而跡豈履哉！（
> 〈天運〉）

六經是「先王的陳跡」，孔子所言，也是「跡」。書即先王的言說，和孔子之言均在可聽的言說層次，以鞋（履）的印跡來比喻言說，言說亦猶在可見的層次。鞋的印跡那裏是鞋呢？鞋早已不見了，在歷史中消失了；「所以跡」已歸於冥或不現。言說是無法呈現先王之意或孔子之意的。這裏的跡是與冥相對的跡，而非德希達總是冥化的跡。

> 子貢曰：「然則人（老聃）固有尸居而龍現，雷聲而
> 淵默，發動如天地者乎？」（〈天運〉）

龍作雷聲，雖屬言說的呈現，但在言說的呈現中同時是不可言說、不可呈現的淵默。平居時若死尸，出現時若龍發動，那麼老聃的言說來自死亡的冥，同時帶有不可呈現的淵默。但即使龍作雷聲，「發動如天地」，畢竟也可說「意有所隨」，「不可言傳」了，言傳的是雷聲。

> 可以言論者，物之粗也；不可以言論者，物之精也。
> 言之所不能論，意之所不能察致者，不期精粗焉。
> （〈秋水〉）

可以言說的，在物可見的形象，不可以言說的，是可以意會的，是「物之精」，那麼是物的細微處。我們如暫如此區分：「言」說是在物可見的形象，「意」是在物不可見的意象，只能落在物的實體層次。而在無法言說，無法意會的，是完全超乎物以上，就是道了。所以道是「意之所隨」，也就

是「所以跡」，意只有藉意象來表達道，言只有藉形象來談論、傳達意象，已落到概念的層次了。故道（意之所隨）→意（意象）→言（形象）→辯（概念）（見下），是一層層下降。意要往上表達道，是意之所隨，是所以跡；但意象被固定成言說，已成為跡了。

> 夫言非吹也，言者有言，其所言者特未定也。果有言邪？其未嘗有言邪？其以爲異於鷇音，亦有辯乎？其無辯乎？道惡乎隱而有真僞？言惡乎隱而有是非？道惡乎往而不存？言惡乎存而不可？道隱於小成，言隱於榮華。（〈齊物論〉）

「吹」是「大塊噫氣，其名為風」，言不是風的「吹」，言是跡。但所言在「意」，意「特未定也」，還未如言語固定下來。「意」是在不可見、不可聽的層面，那麼以言說的呈現，去呈現那不現的，即使說了也等於沒說。「鷇音」是鳥初生時的啼聲，言說在表意上的無能，很難說是與鳥初生時的啼聲有所不同的，只是有聲響罷了，但「鷇音」亦有作「天然之化聲」，[26] 這也表示言說是無法如天然之聲的，言語無法如風之吹。道會隱蔽，所以當人言道時會有「真僞」。言會隱蔽，隱蔽的是所言的意，意一隱蔽，言就下落入二元化的概念而產生了「是非」。大道是流逝而無法存留的，人藉言說想要存留住道，但言說與道是不相應的。老子說：「大器晚成」，大器才是大成之道，故「小成」是大道的隱蔽。而言者在意，「榮華」之言不在意，故是言的隱蔽。

26　馮友蘭《中國哲學史》，p.291。

㈡語言與工具

> 荃者所以在魚，得魚而忘荃；蹄者所以在兔，得兔而
> 忘蹄；言者所以在意，得意而忘言。（〈外物〉）

「荃」是捕魚的工具，「目的」是「爲了」捕魚，捕到
魚就忘了工具，因爲工具只是我們達到目的的手段，工具是
「爲了」使我們能完成工作。這正是海德格的工具觀。「蹄」是
捕兔的工具，捕到兔就忘了工具。工具之道，只是爲了人的
工作而存在。用這兩個比喻，正是要說明「言」只是工具，
言說是我們使用語言像使用工具一樣，主要是爲了傳達「意」，
「意」能傳達，就要忘言。

> 古之人，其知有所至矣。惡乎至？有以爲未始有物者，
> 至矣，盡矣，不可以加矣。其次以爲有物矣，而未始
> 有封也。其次以爲有封焉，而未始有是非也。是非之
> 彰也，道之所以虧也。（〈齊物論〉）

「未始有物」其實是不可能的，人與萬物一起在世界上，
但「以爲」就是從人的瞭解上而言，是能夠達到（至）萬物
以上的道，這樣的達到就是人能超出、超過萬物，瞭解的只
是道，這就是「至矣，盡矣」，達到極點了。其次是瞭解「
有物」，但萬物之間沒有封限（未始有封），這表示萬物的
通流，萬物皆物化，在道間通流。物與物不在形象上區分，
這是「意致」的「物之精」層次，也就是瞭解到物之回到自
己。其次是物與物在可見的形象上有其封限，這是可以「言
論」者「物之粗」的層次，在這個言說層次上道可說是沒有
是非的。是非是語言概念化所產生的對立概念，在這層次上
是道的虧損。此相應於道→意→言→辯（概念）的層次，道

是「未始有物」，意是「未始有封」，言是「未始有是非」，辯是「是非」的開始。

> 夫道未始有封，言未始有常，爲是而有畛也。請言其
> 畛：有左，有右；有倫，有義；有分，有辯；有競，
> 有爭，此之謂八德。六合之外，聖人存而不論；六合
> 之內，聖人論而不議。春秋經世先王之志，聖人議而
> 不辯。故分也者，有不分也；辯也者，有不辯也。曰：
> 何也？聖人懷之，眾人辯之以相示也。故曰辯也者有
> 不見也。夫大道不稱，大辯不言，大仁不仁，大廉不
> 嗛，大勇不忮。道昭而不道，言辯而不及，仁常而不
> 成，廉清而不信，勇忮而不成。五者圓而幾向方矣，
> 故知止其所不知，至矣。孰知不言之辯，不道之道？
> 若有能知，此之謂天府。注焉而不滿，酌焉而不竭，
> 而不知其所由來，此之謂葆光。（〈齊物論〉）

道沒有封限，道不封限於任何物中，在此表示道與物是存在著所謂存有論差異的。「常言」表示言語的封限、僵固，道的封限、語言的常態，都形成了區域。語言的常態亦可視爲將語言運用爲傳達概念的工具。「左」與「右」雖是並列，但也形成了差別。有次序（倫）、有差等（義）。有區分（分），有辯論（辯）。有心競（競），有力爭（爭）。「八德」是四組差別。當道封限於物，泯沒了存有論的差異，語言亦封限於物中來表現，而使語言成爲概念表達的工具，就形成了對立概念的區分。有「左」有「右」，已經無形中包含了價值意味；就形成了次序（倫）和差等（義）。在對立概念的一方，形成較高的概念，對另一對立概念產生「權威

化的壓迫」。概念的二元化對立是一種區分（分），這樣就使語言成為辯論的工具。語言成為辯論的工具，就成了心競（競）與力爭（爭）的是非。

「六合以外」是「道」的無所封限，聖人以「意」存之（存而不論），在此是沒有語言的。在此可以說是海德格的「思考與存有相隸屬」的層次，而且只是無語言的沈默。沈默是「未說出的」，相應於存有的隱蔽，是神秘。「六合之內」是道在物中的震動，聖人是「適當地說」（論而不議），是去顯示，讓物出現在道的震動之中，這是「語言存有的統一」，必然是屬於詩的語言，讓存有的眞理來到，而切出一「跡」，這「跡」也是「冥化」，是冥化之跡。「春秋經世」是「先王之志」，聖人的評議是在於先王之「意」，只是爲了證明先王與道相合之思考，故「議而不辯」。此處，莊子是將道、意、言、辯的結構中言的層次，再區分爲論與議的層次，論是言在於意，議是辯在於言，還沒有概念化，辯是言的概念化。

左、右、倫、義都是對立概念的區分（分），有區分也有不區分（不分），這不區分就是在概念化的活動以前，對尼采而言，這是「渾沌」，沒有對立的概念，視現象的變化只是一「事件」，對立是「事件」在拍子上的相異。辯論（辯）就是概念化，有在概念化以前的情況（不辯），這也可說是海德格式的思考，把人調適到與存有共同隸屬的狀態，是最難的手藝。「聖人懷之」是意在於道，「眾人辯之」，則必將落入對立的區分了。「不分」與「不辯」是相應於存有的隱蔽；如果落入概念的對立區分，則有「不見」了。老子視道之名爲「強爲之名曰大」，故「大」係指道而言。大

道是在沒有言語的層次（大道不稱），大的辯論，是尼采所說的「對立的混淆，與伴隨著透視的轉換」，視「一切只是現象的變易」，泯沒了對立概念的區分，就是「大辯不言」，也是沒有言語的層次。故「大仁」、「大廉」、「大勇」都以否定概念化的思考，而「不仁」、「不嗛」、「不忮」。當道被言說顯示就不能相應存有的隱蔽，而是道「道昭而不道」，當言語用作辯論的工具就不及於道（言辯而不及）。道的隱蔽層次是人所不知的，人只能藉思考把人調適到「人和存有在它們的本性中相遇」，故「知止於其所不知」。

將辯論回歸到不言的沈默（不言之辯），將道回歸到不稱的沈默（不道之道），這叫「天府」。這是像北海若（〈秋水〉）一樣的「大器」，「注焉而不滿，酌焉而不竭」，而只是自己的回歸於自己，與道互相隸屬的狀態，是自然於其所然，這就保住了道的光耀，稱爲「葆光」。所以「天府」是言與辯的上提於道，才能保住道的光耀，而成爲「葆光」。

第三節　對立與同一

莊子雖未明顯地如尼采自（西方）語言的根源去摧毀「自我」的概念，但卻從道家修養工夫上破除「自我」。「心齋」的「心止於符」，是心止於符號性的思考，是如尼采所說的「把自我——實體的信心投射於所有事物之上，它才第一次創造了事物概念」，所以「心齋」正是齋戒等於「自我概念」的「心」。「坐忘」的「喪我」也是要破除自我概念，排除掉我們自己，甚至於自我概念。

　　莊子雖未如海德格從語句的陳述結構，西方邏輯的主賓構造，去解釋邏輯的同一律，是把賓詞包含在主詞之中。但莊子從「彼」與「是」的對立立場，破斥「彼」與「是」的自我同一，泯滅「彼」與「是」的對立差別，而強調對立的相依互待，「彼」的見（呈現）與不見（不現）與「是」的不見與見是互相補足的。否則自「是」的自我同一的立場去視「彼」，或從「彼」的自我同一的立場去視「是」，就形成對立。

㈠彼是的對立相因

　　自我概念總是如德希達所言，是「對中心的渴望」，會產生「權威化的壓迫」，總已預設了同一的呈現中心。如果從莊子的斥破對立立場，「是」和「彼」的對立總已預設了同一的呈現中心，互以對方為較低級的概念，就有是非的產生，然後有大小、貴賤、生死等（〈秋水〉）一切對立概念。

> 　物無非彼，物無非是。自彼則不見，自知則知之。故
> 曰彼出於是，是亦因彼。彼是方生之說也，雖然，方
> 生方死，方死方生；方可方不可，方不可方可，因是
> 因非，因非因是。是以聖人不由，而照之於天，亦因
> 是也。是亦彼也，彼亦是也。彼亦一是非，此亦一是
> 非。果且有彼是乎哉？果且無彼是乎哉？彼是莫得其
> 偶，謂之道樞。樞始得其環中，以應無窮。是亦一無
> 窮，非亦一無窮也。故曰莫若以明。（〈齊物論〉）

　　萬物不是「彼」就是「是」，從自己的觀點就是「是」，從別人的觀點就是「彼」。從「彼」的觀點就看不見「是」，從自己的觀點卻能知道自己。「彼」與「是」是他者（other）

與自己的透視立場問題，從自己以外的他者來看是看不到「自己」的，只有自己才能看得到自己。所以說他者之所以成為他者，是因亦為來自於有自己的觀點（彼出於是），而有自己的觀點也正因為有他者（是亦因彼）。因為「彼」和「是」是相互依賴的，只有合「彼」與「是」，才有生成變化（彼是方生）。既然是在澈底的變化當中，那麼「彼是」才生成就死滅，才死滅又生成，他者與自己的透視都同時在變化當中，才說可的時候就不可了，才說不可的時候又可了。所以聖人不以自己與他者作區分，而由天來照明他者與自己（照之於天），就是因為他者與自己都在變化當中，「生」與「死」、「可」與「不可」的對立概念都用不上。這也就是說明種種對立概念，其實來自於首先區分自己與他者。自他者來評判「自己」的立場總是有所不見的，從自己的立場又堅持自己所知道、所見到的。自己與他者的區分，或是由他者來評斷「自己」，或是由自己來評斷他者，就因見與不見的問題陷入無窮的追逐中。但既然用不上對立的概念，一切都在變化中，因而說是也同時成了非，說非也同時成為是（因是因非，因非因是）。如果由天來照明，「自己」也就是他者，他者也就是自己——「是亦彼也，彼亦是也」，見與不見是同時成立的。

「彼」也可以成立一個是非的標準，「此」也可以成立一個是非的標準。果然有「彼」和「是」嗎？果然沒有「彼」和「是」嗎？如果有「彼」有「是」，就會有對立的是非標準，也就產生了對立的概念。所以沒有「彼」、「是」的對偶（彼是莫得其偶），互不以自己為中心來排斥對方，就沒有對立

的是非標準，和對立的概念；這是道的樞要（道樞）。

　　莊子的論破「彼」與「是」的相對待，是由「彼」與「是」透視的限制，「彼」的見正是「是」的不見，「是」的見也正是「彼」的不見。「是」之有見，正因與「彼之不見」相區別，「彼」之見也正因與「是」之不見有差異，這樣的區別與差異，正是「彼」和「是」相依互待，因此從「天」來看，「彼」和「是」既各有見與不見，就泯沒了去由「彼」或是由「此」去成立是非標準，否則「彼亦一是非，此亦一是非」了。從見與不見的相依互待，破除對立的是非標準，也就破除了對立的概念。莊子說這是「道樞」，這是以先破除對立的立場為基礎，再去破除對立概念。對立立場與對立概念之相互依待，以致破除對立立場與對立概念稱為「道樞」，這也就是莊子以對立立場的相依互待，摧毀二元概念的邏輯，摧毀邏輯的對偶性。

　　對立立場的不同，是每個事物以自己為中心，作為衡量其他事物（彼）的標準。莊子意在調和儒、墨，「故有儒墨之是非，以是其所是而非其所非。」摧破二元概念的邏輯，是德希達意欲藉寫作以摧毀西方的傳統形上學的二元概念系統。能把握道樞，才能進入環中的空虛（始得其環中），來應付不同立場的種種對立、衝突。環中的空虛正是沒有自己的立場，而在一切的對立概念「之間」，這是「以明」。

　　㈡**非指與非馬**

　　　以指喻指之非指，不若以非指喻指之非指也；以馬喻馬之非馬，不若以非馬喻馬之非馬也。天地一指也，萬物一馬也。可乎可，不可乎不可。道行之而成，物

> 謂之而然。惡乎然？然於然！惡乎不然？不然於不然。
> 物固有所然，物固有所可。無物不然，無物不可。故
> 爲是與莛與楹，厲與西施，恢恑憰怪，道通爲一。其
> 分也，成也；其成也，毀也。凡物無成與毀，復通爲
> 一。惟達者知通爲一，爲是不用而寓諸庸。庸也者，
> 用也；用也者，通也；通也者，得也；適得而幾矣。
> 因是已，已而不知其然，謂之道。（〈齊物論〉）

「指」是稱謂的名稱，可簡稱概念或「所指」，以概念
來比喻概念的不是概念，不若以非概念來比喻概念的不是概
念。此是順公孫龍〈指物論〉首句「物莫非指，而指非指」
而說。以馬來比喻馬之非馬，不如以非馬來比喻馬的不是馬，此
又是順公孫龍〈白馬論〉中的「白馬非馬」而說。莊子無興
趣於其中的概念區分，而是以概念和非概念來作區分。「天
地」也可說是一個概念（天地一指也），但天地不是一個概
念定得住的，還有非概念的領域；萬物也可以說是一個類概
念（萬物一馬也），但萬物也不是一個類概念定得住的，也
有非概念的領域。在概念的領域就可以用概念定住（可乎可），
在非概念的領域就不可以用概念定住（不可乎不可）。道總
是在運行中而成就（道行之而成），萬物是由我們稱謂它而
成爲這個樣子（物謂之而然）。爲什麼如此稱謂或在以爲如
是（惡乎然）？就已經如此稱謂，或已在如是上成爲如是（
然於然）。爲什麼不如此稱謂以爲不如是（惡乎不然）？就
在不如此稱謂或在不如是上成爲不如是（不然於不然）。物
當然有所如是者，物也當然有所可者；無物不如是，無物不
可。所以「莛」與「楹」的大小，「厲與西施」的美醜，都

在道裏通爲一（道通爲一）。這是對立概念的互通或彼此需要，這是尼采所說「對立的混淆，或伴隨著的透視的轉換」，才能在道裏通爲一。

「天地一指」與「萬物一馬」是在概念域中說。凡是概念，總是我們用以稱謂萬物的；稱謂之後，萬物才「如是」。但萬物還有非概念域，亦即存有域，是「道行之而成」；在這存有域中，一切大小、美醜的對立區分乃至對立概念，都「通爲一」。所以「非指」與「非馬」所指的就是這存有域，由於有「非指」和「非馬」的存有域，就使「指」與「馬」的意義不穩定，所指無法固定下來。在存有域中，亦是「所言者特未定也」（〈齊物論〉），所指是不穩定的。所指的概念既不穩定，只有在「道行之而成」裏通爲一；換言之，萬物就在「道行之而成」中，這也就是萬物的物化。道之分化（其分也），是成就萬物（成也）；而成就萬物的同時，萬物也趨向毀滅（其成也，毀也）。從道來看，「凡物無成與毀」，也是「通爲一」。達道者知物之成與毀均是道的運行，因此不任意使用萬物而寄託於其用（爲是不用而寓諸庸），這裏不用之用。庸也是用，此用是通於道，通於道就是得於道。調適到「得」中就接近於道了（適得而幾矣）。已經是這樣而不知爲什麼（已而不知其然），稱爲道。把萬物從概念域提到存有域，就「無成與毀」。莊子是以非概念的存有域，使對立概念的二元性泯滅而「復通爲一」了。

莊子在「彼」與「是」的各自預設同一的呈現中心，形成對立區分與對立概念。這對立概念就會產生德希達的「權威化的壓迫」。莊子以對立立場或概念的互相依待，也正像

德希達的對立概念互以彼此爲「他者」了。莊子雖未如尼采和海德格去質疑自我的統一概念，但無疑地卻視「自我」的呈現中心是一切對立區分及對立概念的根源。莊子以道的存有域使名稱和概念不穩定，也就是所指的根源（道）的定然不現，所以莊子是以道的徹底變化，來摧破穩定呈現的觀點了。這正如德希達的延異運動作爲那「未呈現者」。摧毀了自我的統一，摧毀了概念的二元對立，又復歸於「道通爲一」。

> 是以聖人和之以是非，而休乎天鈞，此之謂兩行。

（〈齊物論〉）

聖人調和是非，而休止於自然的均平，是與非的相因互待，是兩行其道（兩行）。「天鈞」，「鈞是鈞陶的鈞，陶人模下那個圓轉的物是鈞。」[27] 是以一切現象轉動不居，渾化掉彼與是的對立，讓彼與是各行其是，這也是「兩忘而化其道」（〈大宗師〉），各自忘掉自己的中心，而各行其道，就如鈞的圓轉自如。

第四節　寓言、重言、巵言

莊子的語言存有論結構是：

> 天地與我並生，萬物與我爲一。既已爲一矣，且得有言乎？既已謂之一矣，且得無言乎？一與言爲二，二與一爲三。自此以往，巧歷不能得，而況其凡乎！故

27　錢穆《中國思想史》，（臺北：學生書局，1980），p.42。

自無適有以至於三，而況自有適有乎！無適焉，因是
己。（〈齊物論〉）

「並生」與「合一」都是「道通爲一」的「一」，「天
地」、「萬物」與「我」都在「一」中。莊子不像老子說「
道生一」，而只說「道通爲一」。老子的「道生一」是「道
生無」，莊子的「一」也是指「無」。「一」既然是「道行
之而然」的「一」，是在「無言」（且得有言乎）的層次。
既已稱之爲「一」了，那麼也要在存有論上展開語言存有論
的結構。「一」是無言，無言與有言（言）爲「二」，套在
道、意、言、辯（概念）的結構中，無言是意，一有言時已
成爲言者所在之意，這也是「所言者特未定也」，「二」成
爲有言和言者所在之意，意已受到言的限定，已不是「道通
爲一」的意了。也就是在言的能指活動中，所指的「一」已
成爲「二」了。「所言者特未定也」是不能經過言的限定的，故
沒有實指的一，只是「通爲一」，「一」永在無言的層次。
那麼有言和言者所在之意「一」加上原來的「一」而成爲三
了。「自無適有」也是自無言到有言，無言的定然不現，所
指根源的定然不現，使言成爲沒有穩定的呈現中心，成爲能
指的無窮盡活動，「自有適有」正是從有言到無言，由對立
的立場而衍出一切對立的概念系統了。

㈠寓言（及重言）的寫作方式

寓言十九，重言十七，巵言日出，和以天倪。寓言十
九，藉外論之。親父不爲其子媒。親父譽之，不若非
其父者也；非吾罪也，人之罪也。與己同則應，不與
己同則反；同於己爲是之，異於己爲非之。重言十七，

> 所以已言也，是為耆艾。年先矣，而無經緯本末以期
> 年者者，是非先也。人而無以先人，無人道也；人而
> 無人道，是之謂陳人，卮言日出，和以天倪，因以曼
> 衍，所以窮年。不言則齊，齊與言不齊，言與齊不齊
> 也。故曰無言。言無言，終身言，未嘗言；終身不言，
> 未嘗不言。……物固有所然，物固有所可，無物不然，
> 無物不可。非卮言日出，和以天倪，孰得其久！萬物
> 皆種也，以不同形相禪，始卒若環，莫得其倫，是謂
> 天均。天均者天倪也。（〈寓言〉）

「寓言」是「藉外論之」，主要是由「非其父」來「譽
之」；是作者寫的寓言，假借「作者以外」的人來論之，譽
之。論之，譽之的無非是道。「重言」是藉「耆艾」來「已
言」，「耆艾」要能「經緯本末」；故「重言」是藉前輩的
有道者來停止言語的爭論。「重言」也可以說是「藉外論之」，
因為「重言」也是假借「作者以外」的人，也可以說是「寓
言」。作者寫一個故事來論道，然後作者又不在這故事之中，就
是「寓言」。

以寓言作為基本的寫作型態，「作者以外」包涵廣泛，
在〈逍遙遊〉中遂出現鯤、鵬、蜩與學鳩，如果堯、許由、
肩吾、連叔是古代賢人（耆艾），那麼「藐姑射之山的神人」又
算是神話了。〈秋水〉中「夔憐蚿，蚿憐蛇、蛇憐風，風憐
目，目憐心」中的風，〈至樂〉中的空髑髏、司命，〈秋水〉中
的北海若與河伯，都是「作者以外」了。寓言不僅是人的寓
言，動物、植物乃至自然，還有神話，皆成了寓言。

如果比較老子的「道之出口，淡乎其無味」（〈三十五章〉），

莊子的寓言總是寫作的，不是「道之出口」。《老子》是「道之出口」，《莊子》是寫作的寓言。莊子視語言爲沒有精確性，運用語言的「自我——作者」並非意義的統一中心，這與他的心齋、坐忘是一致的，故要假借「作者以外」。語言沒有精確性，所指的根源定然不現，語言只能是隱喻的。以隱喻爲基礎，在敘事中就成了寓言，乃至神話。

㈡卮言日出，和以天倪

寓言（重言）可以視爲寫作的技術，是一種手法；卮言卻是技藝。「卮言日出，和以天倪」，何謂卮言？郭象注：「夫卮，滿則傾，空則仰，非持故也。」[28]卮是一種酒器，既然「滿則傾，空則仰」，故「卮是一種極不穩定的器皿；從實用的觀點來看，它是無法使用與無用的。」[29]莊子所使用的語言如卮言，作者應視爲如卮，是「一種極不穩定的器皿」的無用之用，「滿則傾」才會「日出」，已取消了作者的自我中心。「和以天倪」，「天倪」是天的端倪，猶如天機初啓，也就是道，這裏我們可以想起海德格的思考是最難的手藝，把人調適到與存有的共同隸屬。海德格視語言是調適的懸擱結構，也正是德希達所指根源的定然不現，所以卮言才能日出日新，才能「曼衍」。

「道行之而成」總是「不言」，「不言」則與道「齊」，

28　郭慶藩輯《莊子集釋》，（臺北：河洛出版社，1974），p.947。

29　奚密〈解結構之道〉，收入鄭樹森編《現象學與文學批評》，（臺北：東大圖書公司，1984），p.235。

「道行之而成」加上了言就「不齊」，用言語去指道也「不齊」。既然言語是「道行之而成」，也可說是「言無言，終身言，未嘗言，終身不言，未嘗不言」。故巵言不是正言，是取消作者自我中心的言與不言之間，不視語言爲呈現的穩定中心，而是道的「傾注」或道自身的運行。

物的「然」與「不然」之間，「可」與「不可」之間，是「道行之而成」，物相在至變之中，巵言是要相應於「道行之而成」，否則萬物「孰得其久」。巵言是大道的言說，沒有大道的言說，萬物無法存留；海德格說：「首要的召喚，命令了世界與物來到，是眞實的命令。」[30]所以語言命名了事物的根源，讓萬物在道中來到。

萬物自不同的種類（萬物皆種也），以不同的形相來轉換（以不同形相禪），開始和結束像一個圓環（始卒若環），是沒有次序的（莫得其倫）。這不是在線性上的發展，而是每一點是起點也同樣是終點。這正是巵言的隱喻寫作方式，不是概念的架構體系，而是隨寫隨成、隨說隨掃，其成者亦毀也，但「無成與毀，復通爲一」。不需再去講究結構的對稱，而是自然均平（天均）。

由寓言到巵言[31]，可以說是莊子在寫作上的由技入道，

30　P.L.T. p.206.

31　張默生認爲巵是漏斗，「莊子的巵言，正像是期合於這種天然的端倪，順著大化的流行，而代爲立論，所以很像漏斗的注水，而毫無成見。」亦可成說。見《莊子新釋》，（臺北：臺灣時代書局，1975），p.15。

像德希達總已是喪失中心的跡的運動，而跡總已是冥化的不現。在另一方面，卮言也是酒言，人的理性主體在這裏是沒有位置的。尼采的透視轉換，形成風格的多樣性；在莊子的「醉言」中，亦可說是「語言的遊戲」，也更讀出了他在「顛覆」理性中心的傳統時，一種詼諧的風格，或是諧擬，或是嘲諷，或是自嘲，莊子是中國哲學史上第一位「發笑」的哲學家。

第九章　莊子的天地之道

　　莊子書中的〈人間世〉，即是老子所謂的「天下」，偏於日常生活或事實世界，老子另有「天地」一概念來說明存有——世界，來容納在存在的感受上所經驗到的現實世界。換言之，從人間世到天地是由人的存有所經驗到的現實世界轉向存有世界[1]。但莊子的天地概念為何？

　　老子的地道即是道之無的面相，天道即是道之有的面相，而隱藏的定要出現、呈現，可以說天道的有來自地道的無。地道的無所包含的是，地道蘊藏著萬物，萬物的無化正是使萬物的差異為可能，由萬物的差異所凝現的天道定要由地道出現、呈現，也可說地道的無要「法」天道的有[2]。莊子的天地之道是否與此有別呢？

第一節　渾沌與遊戲

㈠透視主義

1　趙衛民《老子的道》中〈老子的天地之道〉章辨之甚詳，（臺北：幼獅書局，1994），pp.127-130。

2　同註1，pp.130-134。

對於尼采而言，世界是現象——世界，是一切活動的全體性，萬物的差異性均是一力量中心，成爲在世界上行動的特殊模式，而視世界爲依照價值排列，選擇的觀點。「顯然的世界，即世界依據價值來看待，依據價值來排列，選擇；即在此情況上，關於動物特定種類的權力保存和增進，是依據有用性（utility）的觀點。透視（perspective）因此決定了『現象』（appearance）的特性！好像當一個人扣除了透視後，一個世界仍將存留。這樣做，人將扣除掉關聯性。每一力量中心採取一個透視，即是它屬己的特殊評價，活動模式，和抵拒模式，來朝向整體剩餘者。因此『顯然』的世界是約化到在世界上活動的特殊模式，由一個中心流出。現在並沒有其他的，無論是什麼的活動模式；而且『世界』只是一個字來代表這些活動的全體性。」3尼采的透視主義，是依萬物的差異性，各視爲一「力量中心」，而依個別的「特殊評價，活動模式和抵拒模式」來看待世界。顯然的世界必約化到個別的透視，「在世界上活動的特殊模式」。透視如簡單說爲活動，萬物的差異視爲不同的力量中心，「『世界』只是一個字來代表這些活動的全體性」，亦即是萬物活動的全體性。

從「動物的特定種類」也就是人來說，是採取「有用性」

3　Friedrich Nietzsche, The Will to Power.　Trans. by Walter Kaufmann and R.J. Hollingdale.（New York: Random House, 1968）p.305,以下簡稱W.P.

的透視。「有用性」對尼采並非是萬物對於人的有用性，如
同海德格譴責的，人對萬物的不當的利用態度；而是「權力
的保存和增進」，所謂「權力」即是採取特殊透視的力量中
心。人的特殊透視在於「即世界依據價值來看待，依據價值
來排列、選擇」。

　　如果僅依人的特殊透視而言，尼采與透視主義相聯結的
權力意志哲學，可以成立價值形上學。不過尼采迅即否認，
這不是依據人作爲主體的觀念而定立的形上學觀點，而是萬
物均有其活動和「反應的特殊模式」。「反應的特殊模式是
反應的唯一模式……但沒有『其他』，沒有『眞實』，沒有
基本的存有──因爲這將是表達了沒有活動和反應的世界。」[4]
人的特殊透視，在於其特殊活動和反應，人若無此「特殊透
視」，也就無所謂「人的世界」，但權力意志並不因此約化
了萬物的差異性。弔詭的是，當尼采否認了觀念性的存有，
卻從現象的一面肯定了存有，權力意志是「存有的字語」。
「權力意志是『存有的字語』……意志的古典看法，或是將
它轉爲形上的實體或更適當地轉爲主體的能力。更進一步，
這看法在意志裏看到原因或我們行動的來源。最後，它把意
志了解爲統一，同一……那裏沒有像意志的事物……它是衆
多性和複雜性本身，而且是衍生的。」[5] 意志是衍生自「衆

4　W.P. p.305.

5　David B. Allison edited, The New Nietzsche. （New York:
　　Dell Publishing, 1977），p.9.

多性和複雜性」，也就是面對「整體剩餘者」的多種力量中心，採取活動和反應的特殊模式。首先肯定的是力量中心的差異性。

由此，權力——現象僅能視之為渾沌。「渾沌在另一方面，指的並非混亂，而是衝動的多樣性，力量的整個境域。」[6] 存有，世界，即是渾沌。

㈡世界——遊戲

世界即渾沌，尼采抵達了世界——遊戲的新世界觀，一切只是力量的變化。「如果變化能把自己分解到存有（或空無）的目標，那麼這狀態必已抵達。但它還沒有抵達，因此它繼續著——。」[7] 世界的變化是一刻不能暫停的，並且避免最後的目標，無論依「形上的實體」或「主體的能力」來設想存有（或空無），都將達成世界的最後狀態，但只有變化繼續著，世界除了變化，沒有目標。「世界存在著；它不是變化的某種東西，也不是消逝的某種東西，而是：它變化，它消逝，而它從不開始去變化也不停止去消逝。」[8] 世界作為一種力量的流變，是像萬物一樣「存在」著，「存在」的意思是它同時在「變化」也同時在「消逝」中，只是澈底的至變。

從力量的觀點來看世界，尼采也提出有關世界的假設。

6　同註 5，p.11。

7　W.P. p.549.

8　W.P. p. 548.

「如果世界能被思考爲確定的定量力及確定的定數中心力……在存在的大骰戲中，它必通過了可計數的結合。在無限的時間中，每一可能的結合將會在某些或其他時刻中實現……絕對同一的圓周系列已這樣演示出來；世界作爲圓周運動早已無限地重複自己，且遊戲於無限中。」[9] 世界能否如此確定，我們一無可知，但通過這樣的設想，無非是避免世界的線性目標，而圓周的每一點既是起點也是終點，圓周的運動既在變化中也在消逝中。由此設想的，是世界在存在上的有限性，類似於人的存在的萬物的有限性，而又能避免最後的目標，在不斷的「重複」中產生「無限」。以力量的流變作爲世界的基本現象，無論如何是無法同意由力量的科學觀念所構造的世界的「絕對同一」的，唯一能解釋的是，尼采爲了解脫於世界所達成的最後目標，使圓周的每一點均能有無限性。每一點，是瞬間（instant），在變化和流逝的瞬間，世界永遠的回歸自己。藉著世界的科學觀念，弔詭地說明世界的存有概念。

　　世界的存有概念是什麼呢？「世界有意地防止一個目標，甚至技巧地使自己免於進入一個圓周過程——將會發生在那些喜歡在世界之上，即是加在一個有限、確定，同樣大小的恆定尺寸，像世界這樣，加上永恆新奇能力的人。」[10] 世界的科學概念，要由人來拯救；世界之爲世界，從未能是免於

9　W.P. p.549.

10　W.P. p.546.

人的。只有人能加上「永恆新奇的能力」，人能超過世界的
科學概念。世界是屬於人的。但是如果人能賦予世界「永恆
新奇的能力」，如同藝術家一般，對尼采而言，仍無法脫離
由一力量中心採取對餘留者的透視，那麼「一個人與其它事
物的關係——那如何會是其他事物的知識！」[11]當尼采破除
了自我概念，同時也就在防止自我概念的涉入世界。「在什
麼範圍，藝術家只是初步階段，世界即藝術作品，自己誕生。」
[12]當尼采的新世界觀脫離了對藝術家的重視，而轉移焦點到
世界。本身，世界——現象自己擁有了「永恆新奇的能力」，是
視爲「藝術作品」，「自己誕生」。世界——遊戲正是在每
一頃刻的變化與消逝中，自己誕生的藝術作品，也永遠的自
己回歸自己。這已近於晚期海德格的存有——世界。

第二節　世界與大地的衝突

　　海德格將此有的基本構成特徵稱爲「在世存有」，首先
是要與世界的自然概念與世界的個人概念有所區分。這兩種
概念均與人使用工具的現象有關。「錯誤地以『世界』的表
達，作爲自然事物全體性的名字（世界的自然概念）或作爲
人的社會的稱號（世界的個人概念），「如果我們多少將有
用事物（工具的）系統與世界等同，並說明在世存有與有用

11　<u>W.P.</u> p.272.

12　<u>W.P.</u>, p.419.

事物的交易，那麼我們放棄了任何對超越性的理解。」[13] 無論是「自然事物的全體」，或「人的社會」，都涉及人使用工具的現象，將前二者類比於工具的使用性。但海德格的目的是從超越性說明世界概念。

(一)世界與投射

首先，海德格視世界是包含在此有之爲在世存有的存有結構中。「『世界性』是一存有論的概念，而且代表一個在世存有構成項目的結構……存有論地，『世界』不是標識此有所不是的那些存有物的方式，而是此有本身的特徵（構成性）。」[14] 世界並非此有以外其他存有物的全體，而是就在此有的存有構成中。那麼此有如何構成世界？「作爲在任何時間裏爲了此有的那存在著的全體性，世界是由此有帶來此有前面。世界的這種『將自己帶到自己前面』是此有可能性的基本投射。」[15] 所謂超越性正是「此有可能性的基本投射」，在此有投射其可能性時，已將世界「帶來此有前面」，故此有在投射其可能性中，也形構了世界。「投射『把世界拋擲在存有物之上』的事件，在此此有的存有升起了，我們稱爲在世存有，形構（forms）了世界。」[16] 只有在此有可能性上

13　Martin Heidegger, <u>The Essence of Reasons.</u> Trans. by Terrence Malick,（Evanston: Northwestern, Univ., 1955），p..81.

14　<u>B.T.</u> p.92.

15　<u>E.R.</u> p.89.

16　同註 15。

的投射，才能「把世界拋擲在存有物之上」。「此有的存有」正是此有的可能性——「在世存有」。但海德格又說世界「將自己帶到自己前面」，似乎是世界的「自我誕生」，世界已成爲存有本身。

　　海德格先從希臘字物理（physis）的字源意義，來說明萬物原是存有的字詞。「它指出自我開放的現出，打開，展開，在這種展開中呈顯自己，和在其中忍耐，堅持，簡單說，事物出現和徘徊的領域。」[17]存有使「事物出現和徘徊」，事物依賴存有「自我開放的現出，打開，展開，而呈現出自己」，事物始能出現，存有的力量使事物呈現。海德格又說「物理原始地擁抱了天和地」[18]，那麼由物理，經由天和地，使事物呈現。什麼是天和地呢？

㈡隱蔽與呈現

　　天和地，基本上是一衝突（polemos）。「這衝突，像赫利克拉圖斯所思考的，首先造成了存有領域的分開到對立，在衝突中分—開（setting-apart），一個世界進入存在。」[19]存有領域的分開和對立」，是由天和地來表現「衝突」。物理是怎樣在天與地的衝突中自我開放的現出呢？「物理依據顯示自己和自我撤回的相關性和同時性而發生……撤回包含了出現的基本可能性。」[20]物理之自我開放的現出，是同時

17　I.M. p.12.

18　I.M. p.12.

19　I.M. p.52.

20　Michel Haar. The Song of the Earth. Trans. by Reginald Lilly,（Bloomington: Indiana Univ. 1993）p.50.

「顯示自己和自我撤回」的。「物理指純粹的昇起……世界（宇宙）被視為『火』，意謂著純粹的出現，像『光』從一開始像雷電或火焰穿透了每一存有物。」[21]物理現在與世界相同，是「純粹的出現」；但是「撤回包含了出現的可能性」，這就意謂著大地。世界——出現，大地——撤回，這是天與地的衝突。

「世界奠基於大地，大地透過世界來奠基。……世界在依賴大地時，奮力想超過它。作為自我開放，它不能容忍一切封閉的。大地作為庇護和隱蔽，常傾向把世界拉入它自己。世界和大地的對立是個衝突。」[22]衝突是存有的出現和存有的撤回兩種對立的力量，世界是「自我開放」，大地是「庇護和隱蔽」，但在這對立衝突之中，既然「撤回包含了出現的可能性」，大地明顯占了優勢，存有的撤回是空無，隱蔽，存有的出現是從空無中、隱蔽中出現。世界與大地的二元，是受大地統治，是空無。但隱蔽的定要出現，這又保住了存有的出現的重要性。

第三節　渾沌與大地

莊子偏重於無的思考，較無海德格「天與地的衝突」義，但莊子畢竟有天與地的概念。

21　同註20。

22　<u>P.L.T.</u>, p.49.

> 南海之帝爲儵，北海之帝爲忽，中央之帝爲渾沌。儵
> 與忽相與遇於渾沌之地，渾沌待之甚善。儵與忽謀報
> 渾沌之德，曰：「人皆有七竅以視聽食息，此獨無有，
> 嘗試鑿之。」日鑿一竅，七日而渾沌死。（〈應帝王〉）

「儵」與「忽」爲「渾沌」鑿七竅。無論南海與北海，
海的隱喻系統在道家具有相當重要的意義。老子「江海能爲
百谷王者，以其善下之，故能爲百谷王。」（〈六十六章〉）
這是以江海之能容納，猶如廣大空虛的山谷，而成「百谷王」。
莊子〈秋水〉中「天下之水，莫大於海，萬川歸之，不知何
時止而不盈；尾閭泄之，不知何時已而不虛；春秋不變，水
旱不知。」這也是說大海容納的廣大。但〈逍遙遊〉中的「
南冥」、「北冥」，就不止是南海、北海了。「南冥者，天
池也。」南冥是天的誕生地，「冥」指冥黑不可見，正類似
海德格所謂大地的隱蔽。但何謂「儵」與「忽」？「儵」與
「忽」當合言，有兩義：一是電光，一是疾急貌。前者依《
楚辭》〈天問〉中：「雄虺九首，儵忽焉在？」王逸注爲「
電光」，但洪興祖以爲不妥，應依〈招魂〉：「南方日，雄
虺九首，往來儵忽。」而注爲「疾急貌」[23]。此或當依「疾
急貌」作解。莊子〈秋水〉中說風「蓬蓬然起於北海，蓬蓬
然入於南海」，風的「蓬蓬然」正是往來「疾急」，就莊子
而言，「儵忽」似應依風的疾急貌作解，但風的隱喻在此還
不甚明顯。

23　洪興祖《楚辭補注》，（臺北：天工書局，1994），pp.94-95。

莊子〈秋水〉中又謂：「吾（北海若）在於天地之閒，猶小石小木之在大川也。」這似與老子「江海能爲百谷王」不類，但只是老子強調江海的能納量大，並未將之與天地作比。「中央之帝爲渾沌」，既是「儵與忽相與遇於渾沌之地」，這「中央」或應指大地而言。大地，山谷，大海是三種相類似的隱喻，結合入大地的主要隱喻中。

「中央之帝爲渾沌」，正如尼采的世界即渾沌，所指涉的正是道的界域，存有的領域。爲渾沌鑿七竅，「七日而渾沌死」，正是不能依人的特殊透視來看待萬物活動的整體性，如果依照人的透視，「即世界依據價值來看待，依據價值來排列、選擇」，也就無視於多種力量中心的透視。暫時在此，似還無法抵達尼采的世界——遊戲的新世界觀。當海德格以在世存有作爲此有的基本構成，而防止「世界的自然概念」與「世界的個人概念」時，其實已在設法排除以人爲主體（中心）的世界觀。當海德格說：「物理原始地擁抱了天和地」，物理是古希臘對存有的了解，這在莊子而言，即是渾沌的世界。但在莊子中，我們何以找到存有的呢？答案即是儵忽，是儵忽爲渾沌鑿七竅。儵忽既是南海之帝與北海之「帝」，已是擬人化的，我們可以視之爲風的擬人化象徵。既「擬人化」了，才會分裂成「儵」與「忽」，才會爲渾沌鑿七竅，就還不是風的本義，渾沌不能「人」化。風代表的究竟是什麼意思呢？

第四節　地籟與天籟

> 子綦曰：「夫大塊噫氣，其名爲風。是唯無作，作則
> 萬竅怒號。而獨不聞之翏翏乎？山林之畏佳，大木百
> 圍之竅穴，似鼻，似口，似耳，似枅，似圈，似臼，
> 似洼者，似污者；激者，謞者，叱者，吸者，叫者，
> 譹者，宎者，前者唱于而隨者唱喁。泠風則小和，飄
> 風則大合，厲風濟則眾竅爲虛，而獨不見之調調，之
> 刁刁乎？」子游曰：「地籟則眾竅是已，人籟則比竹
> 是已。敢問天籟。」子綦曰：「夫吹萬不同，而使其
> 自己也，咸其自取，怒者其誰邪！」（〈齊物論〉）

風是大地吐出的氣息，風止時（無作）只是歸入大地，
風吹時（作）則大地上的各種孔竅都發出了聲音。這「萬竅」是
地勢的起伏和畏佳，或「大木百圍之竅穴」，無疑是前面所
說的山谷的變形，這「似鼻，似口，似耳，似枅，似圈，似
臼，似洼者，似污者」均是竅穴，風過時就如「激者，謞者，叱
者，吸者，叫者，譹者，宎者，咬者」。有風，在竅穴中就
有回聲（當然不僅是回聲），前面唱「于」，後面就唱「喁」。
「泠風」時，這些竅穴就小小的唱合（小和）；「飄風」時，就
大大的唱合（大和），「厲風」時直灌入這些竅穴，樹木動
搖。

「人籟」是人吹出的音樂，「比竹」而吹。「地籟」是
「眾竅」，待風而作。「天籟」是風過自鳴，吹過萬竅，使
其自鳴（夫吹萬不同，而使其自己也），這都是這些竅穴自
己發出的聲音，怒嚎的是誰呢？（咸其自取，怒者其誰邪？）風
既是大地吐出的氣息，現在又是風過萬竅自鳴，風是了無痕
跡的。風既起於地，地又有萬竅；而風過萬竅自鳴，卻稱爲

「天籟」，萬竅本身是無聲的，天籟亦可說是「無聲之聲」。[24]
這裏可以看出風與天籟的關係，風作時自有天籟。而風像是
無有的，只是從隱匿的大地吐出的氣息；風只是隨機而作，
不是海德格所說，存有的純粹出現。天籟是風過萬竅自鳴，
卻又是竅穴自己發出的聲音，故風亦無所謂存有的純粹出現，但
卻讓萬竅「自取」。莊子雖說「天籟」，但實無天的位置，
取代天的是風，但風卻是大地吐出的氣息。莊子無所謂存有
純粹的昇起或出現，風是隨機而作，既非是大地純粹的隱蔽，更
非是天純粹的出現。風自隱蔽中出現，在出現時卻同時是隱
蔽的，卻是隱蔽的出現，無影無痕的，是德希達冥化的跡。
須溪註此段云：「莊子欲形容物論之無情，卻從天地間得其
尤無根者曰風。」[25]風是無根的，是道的運動。

　　這段地籟與天籟，原是說子綦的「喪我」；在「心齋」
中卻又說「聽之以氣」。風是訴諸於聽覺的，不是在視覺上
的有形呈現，風是自大地的隱蔽中發出的，本身又無實質的
聲響，而是萬竅自鳴，故風本身亦無聲音，既無形，可以說
是無，跡又在有無之間。大地上有萬竅，似又把萬物比喻為
萬種孔竅，孔竅正是萬物之虛，萬物之無，故「聽之以氣」
又正是聽人的孔竅發出的聲音。風與氣為一體，人之所以有
氣，復可以說是因大地吐出的氣息了，而人的孔竅「自取」
者。「聽之以氣」，風有作，而氣只是無形的流動，聽的是

24　王邦雄《莊子道》，臺北：漢藝色研所，1993，p.56。

25　焦竑《莊子翼》，（臺北：廣文書局，1979），p.18。

隱蔽之聲，靜默之聲。故「野馬者，塵埃也，生物之以息相
吹也」（〈逍遙遊〉），無非是萬物之氣渾渾莽莽，如野馬揚
起塵埃，如「以息相吹」，氣與息可以說是生物的孔竅「自
取」的了。莊子緊接這句，下文又說「天之蒼蒼，其正色邪！」
又將生物以息相吹，視爲天之「正色」，「天之正色」是無
有的，只是「大塊噫氣」了。

第五節　風與天機

> 夔憐蚿，蚿憐蛇，蛇憐風，風憐目，目憐心，夔謂蚿
> 曰：「吾以一足趻踔而行，予無如矣。今子之使萬足，
> 獨奈何？」蚿曰：「不然。子不見夫唾者乎？噴則大
> 者如珠，小者如霧，雜而下者不可勝數也，今予動吾
> 天機，而不知其所以然。」蚿謂蛇曰：「吾以眾足行，
> 而不及子之無足，何也？」蛇曰：「夫天機之所動，
> 何可易邪？吾安用足哉！」蛇謂風曰：「子動吾脊脅
> 而行，則有似也。今子蓬蓬然起於北海，蓬蓬然入於
> 南海，而似無有，何也？」風曰：「然，予蓬蓬然起
> 於北海而入於南海也，然而指我則勝我，蝤我亦勝我。
> 雖然夫折大木，蜚大屋者，唯我能也，故以小不勝爲
> 大勝也。爲大勝者，唯聖人能之。」（〈秋水〉）

「夔」一足，「蚿」萬足，以一足之少羨慕（憐）萬足
之多。蚿則以「唾者」作比，「噴則大者如珠，小者如霧，
雜而下者不可勝數也。」說明多不足貴，反羨慕「蛇」的無
足。看來多少之辨，彼此是矛盾的，皆無需羨慕。萬物的差

異，均是「天機之所動」，萬物的差異就其自身來說，均可說「動吾天機，而不知其所以然。」風之「蓬蓬然起於北海，蓬蓬然起於南海」亦可說是「天機之所動」。但風又不僅於此，風只是「無有」，只是「大塊噫氣」，風就是天機；風之「蓬蓬然起於北海，蓬蓬然入於南海」，正是天機自現。天機自現，起於大地之隱蔽，只是「無有」。萬物可以「指」風「踢」風，均「勝過」風之無有，但風之「小不勝」，卻有「大勝」，有「折大木，蜚大屋」之大能。

但「風憐目，目憐心」又何指？風之天機自啓，隨機而作，指的正是道（存有）的天機自啓，隨機而作，是迅即（儵忽）而飄忽的，正是無何有，同時是跡，也同時是冥。存有的天機自啓，隨機而作，需要人的見證（目），這可以說是「目擊道存」（〈田子方〉）。道需要人的實踐（心），這也是無心之心，天機自張之心，這正是「爲大勝者，唯聖人能之。」風的隨機而作，天機自張，正是聖人的隨機而作，天機自張。

風即是道的天機自啓，也正是隨機而作的一種機遇、機緣。道之生成萬物，也是隨機而作，故「萬物皆出於機，而入於機」。機遇、機緣是一種偶然性，生命中沒有必然性，只有偶然性，弔詭的，這偶然性成爲必然性。偶然性是一種時機，人之與時俱化，也正是與時俱逝。所以〈齊物論〉中的「天鈞」、「天倪」，也無外乎天機自張，隨機而現。

> 夫白鵊之相視，眸子不運而風化；蟲鳴於上風，雌應於下風而化，類自爲雌雄故風化。（〈天運〉）

風在這裏，代表的是「風化」，亦即是道的運行，存有

的活動。只有道的運行，存有的活動，才能使萬物自化，各循其類。故風是化，只是一個動態義，風本身是無有。只有因存有的運動，道的運行，即所謂因風化，而產生了物化。這裏就可以瞭解〈齊物論〉中「咸其自取，怒者其誰邪！」風是無有的，故無誰能怒，但使萬物「自取」而物化，使萬物自己。風是道的運行，存有的運動，使萬物自化。故「莊周夢蝶」（〈齊物論〉）正是在夢中走出自己，因風化而「物化」，成為「適志」的莊子，風化，使莊子物化，羽化為蝶，是莊子的自化。風只是化，一個動詞，存有或道的一個動詞。

　　風可說是渾沌乍現，而又無有，迅即飄忽又歸入渾沌。「雲將」和「鴻蒙」的對話（〈在宥〉）中，「雲將」代表雲氣，「鴻蒙」代表的正是渾沌。「鴻蒙曰『……萬物云云，各復歸其根，各復其根而不知；渾渾沌沌，終身不離。』」（〈在宥〉）也正是說聖人可與萬物一樣「復歸其根」，而這也正是歸於渾沌。「萬物一馬也」（〈齊物論〉）中的馬，正是「野馬者，塵埃也，生物之以息相吹也（〈逍遙遊〉）中的渾沌，即可視為渾沌。

　　道，渾沌，大地，由北海至南海是接近大地的隱喻。野馬，塵埃，生物以息相吹，聽之以氣，也都是類似的隱喻。風在大地的隱蔽，與萬物歸根返虛，扮演媒介的角色，是莊子書中最生動的意象。

　　至於大地的概念，已與「深淵」類近，「深淵」即冥不可見也，在莊子的「壺子示相」（〈應帝王〉）中有生動的演示，我們將在下章詳述。

第十章　莊子的聖人之道

　　莊子的心齋、坐忘乃至喪我、虛室生白，都是一種入道工夫。在這種「虛而待物」的入道工夫之後，物能以自己眞實的方式前來與人相遇。

　　當物有其眞實的顯現，萬物展現了道、德、命、物、理、形的結構，也能見證到物化的發生。而物化就是萬物在時間中的變化，每一瞬間就在遷移，它的變化就是自己的、自然的變化。其所來既無形跡，也不知何所歸。而一切變化，由道來看，道之生化萬物只是天機乍現；由物來看，物化的發生乃由於機遇、機緣。

　　通過心齋，把意識主體泯沒，物才會以自己的方式安立。技藝合著預先對物性的了解。巧匠的手有其具體的知覺，隨著物形而變化，心不激盪外滑，就可指與物化，讓物自隱蔽的，不現的狀態中自我顯露，而達到神遇的層次，這是技進於道。

　　道的不可言傳，只有在超出語言封限的二元概念之外，讓物出現在道的震動當中。道的澈底變化，就摧破了語言穩定呈現的觀點。莊子以寓言作爲基本的寫作型態，是把意寄於言外。卮言的日出日新，正是道的傾注，取消作者自我中心的言與不言之間，是隨寫隨成、隨說隨掃的。

　　莊子無所謂道的純粹出現，道是渾沌，而藉風的無影無

形，說天機自張，隨機而作，迅即飄忽又歸入渾沌。在風這裏沒有純粹呈現的天道，只是天機乍現，既是純粹隱蔽的大地之跡，也是大地之冥；而天道亦只是自然而已。

由上述，莊子的聖人之道也應有一種相當的形態。莊子的聖人之道是如何呢？

第一節　機遇與遊戲

㈠酒神的自我遺忘

尼采在《悲劇的誕生》中欲說明悲劇精神。他由酒神戴奧尼索斯的狂熱提出形上的假設；「真正存在的原始統一，永遠的受苦和矛盾」[1]。這「永遠的受苦和矛盾」是從戴奧尼索斯的解體而說的，「……這解體，戴奧尼索斯的受苦，是像轉化為氣、水、大地和火，我們因此視個體化狀態是一切受苦的根源和主要原因。從戴奧尼索斯的微笑，湧出了奧林匹克諸神，從他的眼淚湧出了人類。」[2]戴奧尼索斯的微笑，正是瓦解了個體化原理；戴奧尼索斯的眼淚，正是人的個體化原理。戴奧尼索斯的解體，是個體化狀態的受苦來源。

尼采肯定戴奧尼索斯，阿波羅式的希臘人「內在地與這

1　Friedrich Nietzsche, <u>The Birth of Tragedy.</u> Trans. by Walter Kaufman, （New York: Random House, 1967） p.45. 以下簡稱<u>B.O.T.</u>

2　<u>B.O.T.</u> p.73.

些被推翻的泰坦人和英雄有關……他的整個存在是依賴由戴
奧尼索斯式所顯示的，受苦和知識的隱藏層次。」[3] 以戴奧
尼索斯的永恆受苦和矛盾，啓示了阿波羅式的希臘人，太陽
神阿波羅也正是光之神，代表「個體化的狀態」。在戴奧尼
索斯精神的影響下，產生兩種藝術──阿波羅式和戴奧尼索
斯式，「從自然本身爆發的藝術家能力，沒有經過人類藝術
家的媒介……首先是夢的意象世界，其完整性並不依賴理智
態度或任何單一的藝術家文化；然後作爲狂熱的實在，同樣
也不注意單一的單位，而甚至摧毀個體，而藉一（oneness）
的神秘感覺來救贖他。」[4] 阿波羅原是「個體化狀態」，阿
波羅式藝術家受到戴奧尼索斯的影響，就藉著「夢的意象世
界」，脫離了依賴理智態度的個體化狀態。戴奧尼索斯式藝
術家也「摧毀個體」，而以「一的神秘感覺」來救贖自己。
什麼是「一的神秘感覺」呢？這無非是「從自然本身爆發的
藝術家能力」。戴奧尼索斯式狂醉是從自然本身爆發的。

　　戴奧尼索斯式狂熱既從自然本身爆發，那麼近於海德格
斯論說的物理（physis）。「藝術是對物理層次上的名字，
藝術本身在人中作爲自然的力量。」[5] 而人藉由此走出個體
化狀態，也正是離開人的主體意識。「內在的不僅無力，而

3　B.O.T. p.46.

4　B.O.T. p.38.

5　David Farrell Krell & David Wood edited, Exceedingly Nie-
　　tzsche. (New York: Routledge, 1988), p.28.

是主體的消失到自我遺忘。」[6]從自我意識的同一來看出世界秩序是不存在的，從自然本身爆發的，也迅將解體爲矛盾及受苦，碎片和謎，是永遠的變化之流。「它戴奧尼索斯式所顯露的不是根據，而是深淵。」[7]一切沒有確定的根據，而只是深淵的無根據，空無的深淵。

(二)流變與轉化

但從自然本身爆發的能力，轉化了這受苦的世界。「戴奧尼索斯⋯⋯轉化並『永恆地證實了』受苦的世界。戴奧尼索斯是生命存在和生命觀的悲劇模式，其根源並非衰弱和墮落，而是『過多的力量』和生氣勃勃。」[8]這是對一切生存悲劇的肯定，不是以意識個體化狀態來防止生存的斷片及偶然，而是以非意識的本能肯定一切的流變。非意識的本能正來自自然本身，本能的「力量不存在於自我同一，只存在於自我流注——即在凌駕於自我之上。」[9]這無異是以本能的強大力量，產生自我的超越性，而離開意識自我，尼采的超人是正視現實生命的流變的。

一切流變的受苦世界無法扭轉，只有正視、肯定。當一切事物由自然本身爆發，迅速變易，再消逝入世界的渾沌中，這

6　同註5，p.5。

7　同註5，p.7。

8　J.P. Stern, <u>Nitesche.</u>（Great Britain: Fontana, 1978），p.130.

9　David B. Allison, <u>The New Nietzsche.</u>（New York: Dell Publishing, 1977），p.41.

就構成一切事物循環，永遠回歸的理論，一切事物沒有意義和目標。以這循環的意象設想人生，尼采完成他「愛命運」的思想。「宿命論本身（命運）置定事件的鎖鏈，是依某些排列所預先決定的，而其發生是依不可逆轉的方式……我對之一無所知。惡性循環是以機遇的遊戲……，再實質化了命運的經驗。」[10]既然一切流變，且發生者無可逆轉，又不在我的掌握之中，只有藉著再意願它無數次，只是這次不是自我（同一）的，而是面對遊戲不斷地自我轉變。

　　以一切事物相同的永遠回歸，尼采達到的新人生觀是：「戴奧尼索斯的『世界──遊戲』，在小孩、藝術家和詩人發現它的祭壇，遊戲本身依芬克，無非是人類對『統治世界』的『出神開放性』……芬克使用狂喜（rapture）這字來捕捉戴奧尼索斯式歡愉的意思。」[11]面對世界──遊戲，人面對統治世界而走出自己，是面對存有──渾沌的出神開放性，在每一個機運中遊戲而自我轉變，這是戴奧尼索斯式對一切流變的肯定，並在流變中成長。只有小孩、藝術家及詩人，得享有自我轉變的歡愉。

第二節　出神與深淵

10　同註9，p.119。

11　David Farrel Krell's "Analysis." In Martin Heidegger, <u>Nietzsche: The Eternal Recurrence of the Same.</u>（San-Francisco: Harper & Row, 1984），p.276.

　　人生在世，是在世界中，所以此有是以在世存有爲其基本構成狀態。爲了指出此有的事實性，海德格說在世存有是關心（care）。「在世存有作爲關心，是被他所關心的世界著迷。」[12] 此有的日常生活，是沒入了他所關心的世界。關心是指什麼呢？「……那種關心去操縱事物並且把它們放入使用中，而這有它們的一種知識。」[13] 當我們去操縱事物並在類似的方式下，以一種「使用」的方式來了解，人已在這種方式下朝向萬物，並將萬物解釋爲「爲了」人的某種目的。這是人面對「工具物全體」的方式之轉換。

(一)超越性

　　人在這種方式下舉向（comport toward）萬物，已在自己之外，這種與其他事物的關係，海德格稱爲「超越性」。「存有（此有）升起到其他存有物（此有或其他在手邊）之上，通過這一方式，即在超過中，此有所超過的，也對它是解蔽的。」[14] 此有的超越性，即在超過其他存有物之上，其他存有物也同時對它解蔽。在超越性的基礎上，眞理的解蔽才可能發生，超越性的問題已變成存有問題。

　　海德格視存在爲人的存有模式，但他又說明人的本質在

12　B.T. p.88.

13　B.T. p.95.

14　Martin Heidegger, The Metaphysical Foundation of Logic. Trans. by Michael Heim.（Bloomington: Indiana Univ. 1984），p.135. 以下簡稱 M.F.L.

於他的站出來（ek-sistence）。「這--站在存有的光亮中，我稱爲人的站出來。」[15]人站出來（standing-out），是站在存有的光亮中，這是存有本身的開放性。「在那裏（being there）的本質，在其開放性中，存有自身呈顯和隱匿，產生自己和隱退。」[16]存有的開放性，是存有本身的運動，產生了人的本質。那麼「人基本上是回應與存有的關係，並且只是這樣。」[17]此有的超越性，完全是存有本身的開放性，此有在「此」中回應與存有的關係。「他（人）是『那裏』（Da），即存有的亮光，那裏底『存有』，且只有它有站出來的基本特性，站出來即在存有的眞理中固有的出神（ecstatic）。」[18]此有的此，是存有的亮光，此有在此中對存有站出來，是此有的出神。當然此有的出神，是由存有的亮光所決定，此有是在此中走出自己，站在存有的亮光下，是此有的出神。

此有的超過是超過全體存有物，這意謂著超過世界。而

---

15 Martin Heidgger, <u>Basic Writing</u>. Edited by David Farrel Krell, （New York: Harper & Row, 1977）, p.204. 以下簡稱<u>B.W.</u>

16 Martin Heidgger. "The Way Back into the Ground of Metaphysics." Trans. by Walter Kaufman. In <u>Existentialism from Dostoevsky to Sarte.</u>（Cleveland: Meridian Books, 1956）, p.271.

17 <u>I.D.</u> p.21.

18 <u>B.W.</u> p.205.

此有既在出神的意義下站在存有的光亮中，這意謂超越性來自於存有的開放性，也即是此有的內在可能性，此有也同時超過自己。此有的世界──投射，發生在此有作為自由中。「此有的超越性和自由是同一的，自由提供自己的內在可能性。」[19] 此有的自由，同時也超過將世界視為現存的全體存有物。現在，此有所投射的世界是空無。「世界：空無，非存有物──但還是有什麼；存有物的空無──而是存有。」[20] 世界即是存有，但相對於存有物而言，是空無。但此空無不是一無所有，而是「全體存有物的」空無。其實存有──空無，也正是混沌──世界。

㈡神人

海德格提出「神人」的觀念。「諸神是那些看入所呈現著的光亮本身的人。」[21] 神人是看入存有的光亮中。海德格所強調的神人，是從詩及藝術作品的角度來說的，因為「思考是存有真理的詩化。」[22] 不過，當海德格轉而強調物的物化，凝聚了天和地，神人和將死者的統一的四元時，我們得考慮這將死者的含義。「作為空無的聖殿，死亡是存有的庇護。」[23] 在此，死亡已是存有本身的神秘。

---

19 M.F.L. p.185.

20 M.F.L. p.195.

21 Martin Heidegger, Early Greek Thinking. Trans by David Farrel Krell and Frank A. Capuzzi（New York：Harper & Row, 1975）p.119. 以下簡稱 E.G.T.

22 E.G.T. p.57.

23 P.L.T. p.179.

海德格以存有的呈現在同時隱蔽了自己，它本身已是不現，他描寫在霍德林頌詩中「泰坦人」中所瞭解的神人：「他（泰坦人）在將死者中，比其他將死者更快地且在他們之外，進入深淵，了解深淵所標識的記號。對詩人，這些是逃亡諸神的跡。」[24]如果死亡是深淵，也即是存有的完全隱蔽，神人之所以與將死者有區分，是因他獨獨且「更快地」瞭解存有的完全隱蔽。諸神的活動，是即跡（呈現）即冥（不現）。

第三節　在時間中變化

海德格「超越性」概念的起點，是人在日常生活中已「舉向」萬物，這人與萬物之間的關係是不能省略的，人已在人之外。但在日常性中，「閒談，好奇，模稜標識了在一日常生活方式中，此有是其『此』的方式——在世存有的揭露性……顯露了一種屬於日常性的存有，我們稱爲此有的『墮落』。」[25]這是一種不眞實性。而心境、理解、詮釋又作爲此有的可能性，而成爲眞實性。

道家的實踐工夫，肯定從不眞實性可以「跳躍」至眞實性，當然這眞實性已非在日常生活中與不眞實性對列的眞實性，而有更積極的意義。莊子的心齋、坐忘、喪我，可以自日常的超越性中，中止由利用的態度或眾人決定的日常態度，把

24　P.L.T. p.93.

25　B.T. p.219.

握住自己的可能性；甚至對著存有的亮光站出來，成為眞實的超越性。

在眞實的超越性中，首先展示的是人生命的有限性，以及現實生命的存有結構。

㈠時與命

人的現實生命，對海德格來說，是「朝向死亡的存有」，這即是人的有限性。這意謂「在世」的時間是有限的，所以說「與時俱逝」。

> 莊子妻死，惠子弔之，莊子則方箕踞鼓盆而歌。惠子曰：「與人居，長子老身，死不哭亦足矣，又鼓盆而歌，不亦甚乎！」莊子曰：「不然，是其始死也，我獨何能無概然！察其始而本無生，非徒無生也而本無形。非徒無形也而本無氣。雜乎芒芴之間，變而有氣，氣變而有形，形變而有生，今又變而之死，是相與為春秋冬夏四時行也。人且偃然寢於巨室，而我噭噭隨而哭之，自以為不通乎命，故止也。（〈至樂〉）

莊子妻之「始死」，莊子「獨何能無概然」，這是人情之常，從日常性來哀歎生命的短暫。如從眞實的超越性中，展示人生存在的存有結構時，人是「朝向死亡的存有」，只是由無氣→有氣→有形→有生→死亡（無氣）的變化過程，這種變化，是相應於春夏秋冬四時的運動（行）。時間本身不會停止，只是來到，莊子妻死只是「她的時候到了」。莊子視人生存在是在時間中的變化，生死只是由無氣到有氣，又回到無氣的循環過程，如同四時的循環；生之前在造化芒昧之中（雜乎芒芴之間），死之後睡在天地之間（寢於

巨室）²⁶。生死是循環過程，故說「通乎命」。命是人生在世相應於時間運行而有了變化。所以莊子進而言「安時處順」。

> 老聃死，秦失弔之，三號而出。弟子曰：「非夫子之友邪？曰：「然。」「然則弔焉若此，可乎？」曰：「然。始也吾以爲其人也，而今非也。向吾入而弔焉，有老者哭之，如哭其子；少者哭之，如哭其母。彼其所以會之，必有不蘄言而言，不蘄哭而哭者。是遁天倍情，忘其所受，古者謂之遁天之刑。適來，夫子時也；適去，夫子順也。安時而處順，哀樂不能入世，古者謂是帝之縣解。」指窮於爲薪，火傳也，不知其盡也。（〈養生主〉）

俗情之哭老聃之死，是「老者哭之，如哭其子；少者哭之，如哭其母。」這些都是「不蘄（求）言而言，不蘄哭而哭者。」這「忘其所受」正是忘其所受是受乎天，既受乎天，人生存在有他的時間，俗情的哀傷正是想逃乎天理而違背（倍）²⁷應有的情懷。「遁天之刑」是俗情想逃乎天所給予的刑罰，人生存在是有限的時間，只是相應時間運行而有變化。生是時間的來到（適來，夫子時也），死也要順著時間的消逝而去（適去，夫子順也）。時間只是運行，本身無所謂來到或

26　此郭象注，見郭慶藩《莊子集釋》，（臺北：河洛出版社，1974），p.615。

27　陸德明《經典釋文》謂倍「本又作背」，同註26，p.126。

消逝，但人生的有限時間就隨著時間而變化。安於有限的時間而隨順時間去變化（安時而處順），就無所謂對生死的哀樂了。「帝之懸解」是在眞實之超越性中，對著存有站出來，而解去了在俗情（日常性）中哀死樂生的倒懸之苦，「以委心順化爲懸解」[28]。人的生命有如薪盡，但所體會的道如同火傳，就無所謂窮盡了。

> 子祀子輿子犂子來四人相與語，曰：「孰能以無爲首，以生爲脊，以死爲尻，孰知生死存亡之一體者，吾與之友矣。」（〈大宗師〉）

「生死存亡之一體」，人生存在本是朝向死亡的存有，在生以前是在造化恍惚之間的無，人是將死者，死亡是存有的隱蔽。人生要思考無，瞭解無，詮釋無；人生是來自無而歸去無，這本是一體。

> 莊子之楚，見空髑髏……髑髏曰：「死，無君於上，無臣之於下；亦無四時之事，從然以天地爲春秋，雖南面王樂，不能過也。」莊子不信，曰：「吾使司命復生子形，爲子骨肉肌膚，反之父母妻子閭里知識，子欲之乎？」髑髏深矉蹙頞曰：「吾安能棄此南面王樂而復爲人間之勞乎？（〈至樂〉）

死亡，無君無臣，沒有人間所定的貴賤階級。「無四時之事」，指的正是春夏秋冬的四時，由四事比喻人事炎涼；

---

28 熊十力《讀經示要》，（臺北：廣文書局，1960），卷二，p. 77。

不過這也說明時間的循環是相應於人有限的存在而說，死亡是回到時間本身，時間本身只是運行，無所謂循環。「春秋」是在人生中時間的循環，「以天地爲春秋」就回到天地之間的造化渾沌，無所謂循環。死亡，是「南面王樂」，正如海德格說「空無的聖殿」，回到存有的隱蔽，正是庇護存有。對此「南面王樂」，即使「復生子形」云云，不過是「人間之勞」，換言之，是倒懸的痛苦。死亡，既已「懸解」，又復何願受此倒懸之苦。

> 夫六經，先生之陳迹也，豈其所以迹哉！今子之所言，猶迹也。夫迹，履之所出，而迹豈履哉！夫白鶂之相視，眸子不運而風化；蟲，雄鳴於上風，雌應於下風而化，類自爲雌雄，故風化。性不可易，命不可變，時不可止，道不可壅。苟得於道，無自而不可；失焉者，無自而可。（〈天運〉）

語言總已是跡，是根源的定然不現；那麼徒從「六經」中去求道，求的總已是跡。「白鶂」與「蟲」都是雌雄相感而化生，這叫「風化」，風本身只是「化」，使萬物自化，萬物各依其方式自化，風化產生牠們的「天性」。天性是來自道，從「不可變」的天性中求，是「得於道」；就不需要從六經的「陳跡」中求，那已是在歷史中永遠遺失的「履」了。得於道，人的天性是不變的，人的命運也不可改變。時間的運行不會停止，大道也不能壅塞（於這陳跡中）。性通於德，雖不可易，但可得於道。

㈡德與形

哀公曰：「何謂才全？」仲尼曰：「死生存亡，窮達

> 貧富，賢與不肖毀譽，飢渴寒暑，是事之變，命之行
> 也；日夜相代乎前，而知不能規乎其始者也。故不足
> 以滑和，不可入於靈府。使之和豫，通而不失於兌；
> 使日夜無郤，而與物爲春，是接而生時於心者。是之
> 謂才全。」「何謂德不形？」曰：「平者，水停之盛
> 也。其可以爲法也，內保之而外不蕩也。德者，成和
> 之修也。德不形者，物不能離也。」（〈德充符〉）

　　人生相應時間的運行而產生了變化，是在道沒有物形之
前就有了命運。所以當人因時間而變化，或與外在的人、物
相遇就成爲事件，「死生存亡，窮達貧富」是命運的運行（
命之行），「賢與不肖毀譽，飢渴寒暑」是事件的變化（事
之變），而這些事之變，也可說是命之行。這些相對的價值
觀念，就如「日夜相代」於人前，以人有限的認知是無法窺
知其起源的，事件只是在時間的運行中變化。故不能擾亂我
們天然的和諧（滑和），也不能進入我們心靈的居所。人與
物相遇，而成爲事件，是時間的運行而產生；時間本身既在
運行，則時間永遠在誕生之中，就永遠如春天，所以與物相
遇，要「與物爲春」，因爲這時時間本身誕生在我們的心底
「（生時於心）」。「才全」就是隨順自己命運之所行，隨
順事件的變化；是任命之行往物、形、事件上走，只是順著
時間變化。事之變也視爲命之行，莊子可視一切命運是必然
的鐵律，事之變的偶然也可視爲必然，一切的偶然均是必然，莊
子在此抵達了尼采式的宿命論，不但是隨順命運，且是愛命
運。

　　德才能成就天然的和諧，是「成和之修」。所以「內」

要保德，才使「外」不蕩於「命之行，事之變」。平和才不
會搖蕩，這如「水停之盛」。內保住德，外不受命運之運行
和事件的變化而搖蕩自己的心，也就是德只如容器去承受大
道的流注，而不呈現於外形上（德不形），甚至「德有所長，形
有所忘」（〈德充符〉），這也是「含德之厚」（老子語）。
人之得於道，萬物也在道中運作，所以「物不能離」。德有
所長是長於道，是停之盛。

> 聖人處物而不傷物。不傷物者，物亦不能傷也。唯無
> 所傷者，爲能與人相將迎。（〈知北遊〉）

　　人與人、物的相遇，是一事件，故是事之變。「處物」
是與物相遇，既是順著事件的變化而不搖蕩自己的心，只是
一任外物變化，人與物來，是「歡迎」它們的來到，人與物
去，是送別（將）它們的離去。

> 天下有大戒二：其一，命也；其一，義也。子之愛親
> 命也。不可解於心；臣之事君，義也；無適而非君也，
> 無所逃於天地之間，是之謂大戒。是以夫事其親者，
> 不擇地而安之，孝之至也；夫事其君者，不擇事而安
> 之，忠之盛也。自事其心者，哀樂不易施乎其前，知
> 其不可奈何而安之若命，德之至也。（〈人間世〉）

　　「臣之事君，義也」，是事之變，所以「不擇事而安之」，
「子之愛親，命也」，是命之行，所以「不擇地而安之」；
這些都是「無所逃於天地之間」的，故稱爲「大戒」。既是
事之變、命之行，只能往回溯，就是「無可奈何而安之若命」。
將一切事變與命運的運行這種偶然性的變化，均視爲命運的
必然性。道就在這一切的變化當中，能視一切變化爲當然，

也就是德的極致了。

> 執道者德全，德全者形全，形全者神全，神全者聖人
> 之道也。（〈天地〉）

「執道」是握住道，握住道的人，是自德中握住道，故
是「德全」。「德全」的人也順事之變、命之行，而與人、
物互不相傷，故能保全自己的形體，故「形全」。德形俱全，才
是「神全」，這是聖人之道。

第四節　聖　人

㈠天人之間

> 知道者必達於理，達於理者必明乎權，明乎權者不以
> 物害己。至德者，火弗能熱，水弗能溺，寒暑弗能害，
> 禽獸弗能賊。非謂其薄之也，言察乎安危，寧於禍福，
> 謹於去就，莫之能害也。故曰天在內，人在外，德在
> 乎天。知天人之行，本乎天，位乎得；蹢躅而屈伸，
> 反要而語極。……牛馬四足是謂天；落馬首，穿牛鼻
> 是謂人。故曰，無以人滅天，無以故滅命，無以得殉
> 名。謹守而勿失，是謂反其真。（〈秋水〉）

瞭解道的，知道萬物之成，均由於道的運行，故也能通
達萬物之理。能通達萬物之理，也就瞭解萬物是在不停息的
變化當中，這是事之變，也就是權變。人與物的相遇，是讓
物在自己的變化當中，而不與物形成對立，人在超越性中對
道的光亮站出來，也同時超越萬物之上。至德的人，是走出
自我之外，對道出神，在道的運行中與萬物相遇，而不干涉
萬物的變化。瞭解萬物的變化，也不會被萬物的變化所傷害。至

德的人能養生全形，保全自己的生命，順應著萬物的變化而自我調適，所以萬物莫能傷害自己。他能細察安危，寧靜於禍福之間，對去就保持謹慎。

天是人與道互相隸屬，德是人之得於道者；所以根本是在於天，只是萬物之自然如此，而人的位置就在於得乎於自然如此。牛馬四足是天然如此，人爲的方式卻是「落馬首，穿牛鼻」，不能以人爲滅了天然，也不要因事的變故毀掉性命，也不要以得於天然的來爲名聲殉葬。要守萬物的自然如此（天），守住人之得於天者（德），守住我們的命和形，這就是返回人的眞實性（authenicity），人的本眞。

> 平易恬淡，則憂患不能入，邪氣不能襲，故其德全而神不虧。故曰，聖人之生也天行，其死也物化；靜而與陰同德，動而與陽同波；不爲福先，不爲禍始；感而後應，迫而後動，不得已而後起，去知與故，循天之理。（〈刻意〉）

平易恬淡是合乎「喪我」的無爲的，只是順應事件的變化，而超越萬物之上。從意識自我所定立的世界秩序是不存在的，面對永遠的變化之流，徒然使意識自我矛盾、受苦，一切沒有意義和目標。但如守住人的本眞（德全），憂患和邪氣只是人的意識自我的希望和糾葛，不能襲入人的「靈府」，聖人的生命生時順著天然而行，死去時是物的變化。當心虛靜下來，就如同陰氣一樣的盛德，順應萬物的變化，就與陽同其波動，是逍遙於福禍的兩端。是對萬物的變化先有所感，然後才有所應，是萬物的變化所需要（迫）才有所動，故其動是「不得已」。外不蕩於事之變，命之行，內能守住德而不

失,所以「德全而神不虧」。拋棄掉人的成心之知與世故,只是守住天然的道理,這就回復了人的本眞。

莊子藉人對道的出神,而守住得於道的德,正是離開人的主體意識。面對一切事之變的憂患與邪氣,自我消失到自我遺忘。人對道的出神,使自我超越於自我之上,正視生命的流變,是一種機遇的遊戲。而對世界──遊戲,人面對統治世界的機遇而走出自己,是面對存有──渾沌的開放性。面對一切流變,是尼采的遊戲態度。

道的開放性,也就是人的內在可能性,當人看入存有的光亮,也就是對著道的光亮站出來,相對於人間世的憂患與邪氣來說,正是投射出空無與渾沌的道的世界。海德格的物化,凝聚了天和地,存有的世界。莊子視道爲萬物的變化,死亡就回歸到萬物的變化,死亡是「南面王樂」,也正是海德格所謂的「空無的聖殿」。不僅死亡是物化,人的走出自我,莊子也視同物化。人的超越性,守住德而回復本眞,才使人的變化得以發生,這也稱爲物化;莊子由「莊周夢蝶」來講物化,也可以說「風」產生了物化。

> 昔者莊周夢爲胡蝶,栩栩然胡蝶也,自喻適志與!不知周也。俄然覺,則蘧蘧然周也。不知周之夢爲胡蝶與,胡蝶之夢爲周與?周與胡蝶,則必有分矣。此之謂物化。(〈齊物論〉)

莊子藉夢走出自己,「適志」正是超越於自我之上,這正如尼采說是由自然本身爆發的藝術家能力之中,阿波羅式的夢的意象世界,不依賴理智態度,在夢與清醒之間,分不清意象和現實,物化正是「一的神秘感覺」。人藉夢走出自

己，成為蝴蝶迎風而舞，正是對著在時間中變化的道站出來，順應著萬物的變化（機遇）而遊戲，也升起於萬物之上。風是大地的跡，也即是大地的冥，是道本身的開放性（天機自啓），也是人的超越性，能順應外界的變化而隨機而作。

當人離開自我的主體意識，人是達到與道相合的「一的神秘感覺」，但此一是在皆於道中變化中的一，而保住萬物的差異性，所以「周與蝴蝶必有分矣」。但物化，就回歸到道的運行當中，所以莊周的物化，是真正的人化，只不過此時人泯沒了主體意識而成為在道中變化的萬物之一，離開了個體化狀態。

物化是超越人的物形，人的自我，守住德而勿失，正是天然而有的，也可以說是自然本身的能力，在正視生命的流變中，在流變中自我成長，而享有自我轉變的歡愉。莊周夢蝶，是道的真理的詩化，成為海德格所謂的「神人」，此物化當然可以「凝聚了天和地」，莊子是藉迎「風」起舞的蝴蝶來表達。

(二)聖王與明王

人的超越性總是走出自己之外，而升起到萬物之上，人所超過的萬物，也對他是解蔽的，這是道的真理的發生。所以聖人是站在道的光亮中，萬物對他是解蔽的；萬物的變化，只是道的變化。

> 汝徒處無為，而物自化。墮爾形體，吐爾聰明，倫與物忘；大同乎涬溟。解心釋魂，莫然無魂。萬物云云，各復歸其根，各復其根而不知；渾渾沌沌，終身不離；若彼知之，乃是離之。無問其名，無闚其情，物故自

生。（〈在宥〉）

當人的超越性是走出自己之外，而站在道的光亮中，也就升起於萬物之上。既在自己之外，對萬物是採取不干涉的態度，這是「無爲」，只是一任萬物隨道的變化而變化，萬物也回復其差異性，在道的變化中「自化」。人對道的出神，站在道的光亮中，是忘形而回歸於德的；不是以機巧的態度面對萬物，思考萬物對人的用途。與物兩忘，就與萬物在無形無跡的渾沌（滓溟）中大同，同爲人與物均在道之變易之中。萬物能夠歸回其根源，隨應道的變化而變化，必須要拋棄自己的聰明（不知），只是守住道的渾沌，終身不離開它。如果使用聰明，那就只是人的，而不是萬物皆在其中變化的道了。萬物各自生長，也只是歸於道的渾沌，「問其名」、「闖其情」就落入人的機巧、聰明中了。

> 夫道淵乎其居也，滲乎其清也。金石不得，無以鳴。故金石有聲，不考不鳴。萬物孰能定之！夫王德之人，素逝而恥通於事，立之本原而知通於神，故其德廣，其心之出，有物採之，故形非道不生，生非德不明。存形窮生，立德明道，非王德者邪！蕩蕩乎！忽然出，勃然動，而萬物從之乎！此之謂王德之人。視乎冥冥，聽乎無聲。冥冥之中，獨見曉焉；無聲之中，獨聞和焉。故深之又深而能物焉，神之又神而能精焉；故其與萬物接也，至無而供其求，時騁而要其宿，大小、長短、修遠。（〈天地〉）

道的居所是淵深的（其實亦即「深淵」），也是清澄的。金石也得依道而可鳴，萬物只有由道定之。「王德之人」以

德為王，也是至德之人，是對道的亮光中站出來，「虛心以遊」[29]（素逝）萬物之間，而不是如日常生活的沒入於俗事俗務中。是立在道的光亮下，而智慧與不測的神明相接。因為立在道的光亮下，了解萬物的變動均來自道的變動，依道的變動，萬物始有其差異性，故能包容萬物（是德廣）。他的心是相應於萬物的變化，故萬物與其心相呼應。形體是「生」於道（形非道不生），而此須依賴「德」的中介，因為德是得於道者，德才可以彰明「生」的意義（生非德不明）。所以王德的人遊心於萬物之間，包容萬物，因他的超越性是超出萬物之上，而與萬物不相傷，故能「存形窮生，立德明道」。王德之人的視聽，是無形的（冥冥）與無聲的道。在無形之間，獨見道的光亮如破曉，無聲之中獨聽到人與道的相和應。所以他的心動是相應道的變化，忽然出現，勃然震動，萬物也追隨著他與道相通的心了。他的心像道一樣淵深，才能使物成為物，神之又神，才能達到物的精微變化之處。所以他與萬物相遇，是以人的至無至虛而隸屬於道，才能應萬物之求，讓萬物在馳騁變化中而回到其根源、歸宿。

　　莊子的聖人，亦即是王德之人，亦可說聖王，聖王既能「深之又深，神之又神」，故通乎通，亦是神明，故莊子也稱「明王」。

　　　明王之治，功蓋天下，而似不自己，化貸萬物而民弗

29　王夫之《莊子通・莊子解》，（臺北：里仁書局，1984），p. 102。

　　恃；有莫舉名，使物自喜，立乎不測，而游於無有。
　　（〈應帝王〉）

　　無爲是入道的工夫，是經過心齋、坐忘的工夫以成，而與大道相通，故達到喪我的層次。既能以廣德的形態瞭解萬物在道中的變化，故亦能包容萬物，使萬物回到其根源中，這是「功蓋天下」。喪我所以「不自己」，他順應萬物的變動，而沒有自己，故「民弗恃」。不與物名，使物回到自己的根源中，故物自化，這是「使物自喜」。而明王回歸到自己的根源中，如道的淵深，是神乎其神，如道的變動無法測度，而道相對於萬物就是無，明王只是游心於無有之中。

　　天地有大美而不言，四時有明法而不議，萬物有成理
　　而不說。聖人者，原天地之美而達萬物之理，是故至
　　人無爲，大聖不作，觀於天地之謂也。（〈知北遊〉）

　　聖人與至人是比配於天地，在與道的互相隸屬中就如同道與天地的自然相合。既是相應道的變化，故無爲、不作。天地的「大美」，是在道中展開；四時的規律是道的變化；萬物的「成理」，是因道的運行而產生萬物的差異。「大美」、「明法」、「成理」都不出自人的擬議、安排，而「不言」、「不議」、「不說」。追溯天地之美的本源，總是超出人類言說的層次，才能通達萬事萬物的道理。

　　聖人之心靜乎！天地之鑒也，萬物之鏡也。……夫虛
　　靜恬淡寂漠無爲者，萬物之本也。（〈天道〉）

　　萬物既相應道的變動，則萬物之本源是「虛靜恬淡寂漠無爲」，聖人把心虛靜下來，也是「虛靜恬淡寂漠無爲」。既無己，就一任萬物在道中的變化而變化。心的靜如同明鏡，可

以鑒照出天地，亦可以鏡映出萬物的變化，只是物來即照。萬物對他是「解蔽」的，是從隱蔽中呈現出來。

<h2 style="text-align:center">第五節　眞人、至人、神人</h2>

莊子又描寫眞人、至人及神人的形態，這些型態有無區分？

㈠眞人

眞人的形態是：

> 古之眞人，其寢不夢，其覺無憂，其食不甘，其息深深。眞人之息以踵，眾人之息以喉。屈服者，其嗌言若哇。其者欲深者，其天機淺。古之眞人，不知說生，不知惡死；其出不訢，其入不距；翛然而往，翛然而來而已矣。不忘其所始，不求其所終；受而喜之，忘而復之，是之謂不以心捐道，不以人助天。是之謂眞人。（〈大宗師〉）

嗜欲深的人，貪求食物的甘美，不知順應外在事物的變化，對萬物是採占有的型態，是繫於對自我生命的貪戀與執著，所以外蕩於事之變，命之行，遭受憂患與邪氣，是「天機淺」，他的呼吸（氣）只到喉嚨，說話如情促氣礙[30]。無欲的人，順應外在事物的變化，「不知說（悅）生，不知惡死」，生死如一，只是內保住德，既無憂患與邪氣，既無夢

30　成玄英疏與陸德明釋文，同註26，pp.228-229。

亦無憂，他的呼吸深沈，如發自腳跟深處，這是「天機深」。所
以天機深，乃發自深根，發自「深淵」。生死如同出入，出
亦不欣，入亦不拒，只是無繫著與貪戀地來去。他不忘記他
的根源，這是他的本真，這已自足，所以也不追求他的歸向。他
只是承受大道的流注而歡喜，自我遺忘（忘）而回歸自己的
根源，這是不以自我的概念、執著（心）來捐棄大道，不以
人為的虛偽、浮飾來助益那原本天然的。

　　真人是守住根源，保住本真。

　　㈡至人

> 是純氣之守也，非知巧果敢之列。……凡有貌象聲色
> 者，皆物也，物與物何以相遠？夫奚足以至乎先？是
> 色而已。則物之造乎不形而上乎無所化，夫得是而窮
> 之者，物焉得而止焉！彼將處乎不淫之度，而藏乎無
> 端之紀，游乎萬物之所終始，壹其性，養其氣，合其
> 德，以通乎物之所造。夫若是者，其天守全，其神無
> 郤，物奚自入焉。（〈達生〉）

　　有貌有聲色的，即是物是有形有聲的，這些祇不過是物
「色」而已。為什麼有那麼大的距離，又有先後的區別？有
形的是來自於無形（不形）而停止在不受外物的變化（無所
化）所影響，這樣外物也不會留止於其中了。這樣至人不會
過度，只會止於所承受的大道（處乎不淫之度），而藏於無
端崖之際，在萬物的始終間遊戲（游），因為這俱是無形的
渾沌。純一他的天性，涵養他的元氣，合乎其德，以通達造
物之大道。「性」是從自然的天性上說，「氣」是就超乎物
形之上說，「德」是從所承受於道上說，位分是相同的。如

此就能保全其天性，其神飽滿而無縫隙（郤）。對物的欲望又怎會進入內心呢？

至人是守住超出物形以上的氣，是受於渾沌大道的元氣。

㈢神人

> 藐姑射之山，有神人居焉，肌膚若冰雪，淖約若處子。不食五穀，吸風飲露，乘雲氣，御飛龍，而游乎四海之外。其神凝，使物不疵癘而年穀熟。（〈逍遙遊〉）

神人是專從「神凝」上說，「神凝」從「養形存生」上說「棄世」（〈達生〉）。養形是「肌膚若冰雪，淖約若處子」，存生是「不食五穀，吸風飲露」。如此果是否足以存生？亦難知。但「風」象徵道的開放性，是來自大地深處的天機自張，就人來說，人與即跡即冥的風相合，是象徵人的超越性，超越萬物以上，「露」對老子是「天地相合，以降甘露」（〈三十二章〉）；「吸風飲露」有特別的象徵意味，至少代表在道的世界養形存生。「棄世」是「乘雲氣，御飛龍，而游乎四海之外」，這也說明神人的超越性，「游」只有在超越性上講游，所以「四海之外」其實是四海之上。不過「之外」也正是「他者」，道的世界是人間的他者，神是人的他者，總要走出自我之外，對大道出神。

神人是聖人，至人，真人的神話化，「藐姑射之山」就是神話化。神人的「神凝」與至人的「其神無郤」，乃至真人的守住根源，是無以異的。神人特別著重的，是出神（神）的超越性，能乘於物之物，游於物之虛，是在道的渾沌間遊戲；所以能「乘雲氣，御飛龍」。

第六節　壺子示相

鄭有神巫曰季咸，知人之死生存亡，禍福壽天，期以歲月旬日，若神。鄭人見之，皆奔而走。列子見之而心醉，歸，以告壺子，曰：「始吾以夫子之道爲至矣，則又有至焉者矣。」壺子曰：「吾與汝既其文，未既其實，而固得道與？眾雌而無雄，而又奚卵焉！而以道與世亢，必信，夫故使人得而相汝。嘗試與來，以予示之。」明日，列子與之見壺子。出而謂列子曰：「嘻！子之先生死矣！弗活矣！不以旬數矣！吾見怪焉，見溼灰焉。」列子入，泣涕沾襟以告壺子。壺子曰：「鄉吾示之以地文，萌乎不震不止。是殆見吾杜德機也。嘗又與來。」明日，又與之見壺子。出而謂列子曰：「幸矣子之先生遇我也！有瘳矣，全然有生矣！吾見其杜權矣。」列子入，以告壺子。壺子曰：「鄉吾示之以天壤，名實不入，而機發於踵，是殆見吾善者機也，嘗又與來。」明日，又與之見壺子。出而謂列子曰：「子之先生不齊，吾無得而相焉。試齊，且復相之。」列子入，以告壺子。壺子曰：「吾鄉示之以太沖莫勝。是殆見吾衡氣機也。鯢桓之審爲淵，止水之審爲淵，流水之審爲淵。淵有九名。此處三焉。嘗又與來。」明日，又與之見壺子。立未定，自失而走。壺子曰：「追之！」列子追之不及。反，以報壺

子曰：「已滅矣，已失矣，吾弗及已。」壺子曰：「鄉吾示之以未始出吾宗。吾與之虛而委蛇，不知其誰何，因以為弟靡，因以為波隨，故逃也。」然後列子自以為未始學而歸，三年不出。為其妻爨，食豕如食人。於事無與親，雕琢復朴，塊然獨以形立。紛而封戎，一以是終。（〈應帝王〉）

列子是壺子的學生，見了神巫而心醉，回去告訴壺子說：「開始我以為你知道已經達到究竟了，現在又有比你更究竟的。」列子以為神巫的道高過壺子，究竟是不是如此呢？壺子為開示學生，四重示相。

莊子〈內七篇〉中以〈應帝王〉居末，而「壺子示相」又居該篇近末，〈應帝王〉可說是〈內七篇〉壓卷之作，壺子示相正是相應於帝王之德。

神巫就是神相，鐵口直斷，能預言（期）人「死生存亡，禍福壽夭」的時間（歲月旬日），當然像神仙一樣（若神）。列子是壺子的學生，學到的是道外表的虛文，而還沒有學到道的真實，所以道沒有結出道的果實（奚卵）。以虛文和世間相抗衡，很容易捉摸（必信），使神相易於看出相來。

壺是中空的容器，盛的是水，壺之所以能盛水，就是因此容器可以密閉不出，由此來象徵道的莫測。壺子示相正是示道的莫測。壺子示相有四重：

第一重：地文。地文就是地表，神相看到的是沒有生機的「溼灰」，其實就是面如死灰，只剩一點溼氣，但土已成灰。神相說他活不了了，不出十天必死。

杜德機：杜塞了德的機動，也杜塞了生機。僅開發出地

的表面，是不動不顯[31]。是「止水之審爲淵」止水靜以喻杜
德機，指止水所蟠聚處的深淵[32]。止水的深淵沒有顯現，止
水只呈現地表的湮灰。杜塞了生機，人露出了「死」相。成
玄英說這是「妙本虛凝，寂然不動」[33]。

　　第二重：天壤。天壤是從土壤透出天機。神相看到的是
在杜塞了的機動中有權變（杜權），其實就是有生機了，湮
灰已轉變成土壤。神相說他快好了（有瘳），全然有生命了。

　　善者機：善者機就是生機、天機，是生機出現。天機發
自深根（踵），〈大宗師〉云「眞人之息以踵。」就人的生
機說其深根爲踵，就天機說其深根爲深淵，「壤者，物所自
生；踵者，息所自起。」[34]既爲生機的動態，名與實俱不可
說（名實不入），是「流水之審爲淵」，流水動，比喻善者
機，指流水所蟠聚處的深淵。流水的深淵沒有顯現，但流水
顯現了生機（天機）活動的天壤。這是好的生機，人露出了
「生」相。成玄英說這是「垂跡應感，動而不寂」。

　　第三重：太沖莫勝。太沖莫勝就是渾沌。神相看到的是
一片渾沌，不可捉摸。既是氣不齊，無法確定吉凶，當然「

31　釋德清《莊子內篇注》，（臺北：廣文書局，1973），卷四，
　　p.13。

32　陳壽昌輯《南華眞經正義》，（臺北：新天地書局，1972），
　　p.123，以下根據陳壽昌釋。

33　同註 26，p.300，下同。

34　焦竑《莊子翼》，（臺北：廣文書局，1970），p.82。

无得而相焉」；所以神相說等明日氣齊整了，再來看相。

衡氣機：衡氣機就是渾沌，天與地的渾沌，純然以氣來平衡吉凶的兩端，不見人，只見氣相的渾沌，所以〈應帝王〉結文說爲渾沌鑿七竅，而渾沌死。是「鯢桓之水爲淵」，鯨魚盤旋的水非動非靜，比喻衡氣機，指鯨魚盤旋處的迴旋之水所蟠聚處的深淵。迴旋之水的深淵沒有顯現，但迴旋之水顯現了渾沌。這是氣相不齊，所以「無得而相」。成玄英說這是「本跡相即，動寂一時。」

只要是人的氣相顯露出無生機，有生機，神相均能鐵口直斷，但只要氣相渾沌，吉凶不能確定，他就不能看。但神相的準確只是「如神」，他畢竟只能看到氣相表面的波動或死寂，只有在「跡」上的準確。渾沌時，跡亦渾沌，則氣相不定，故神相無法乘物於之化，游於物之虛。

第四重：未始出吾宗。未始出吾宗就是寂然至無。神巫看到是無相。第三重是「無得而相」，此處根本「無相可得」，眼前根本無人，無人可相。人總有人相，壺子不是人。所以神相「立未定」，就慌張地逃走。

波隨機[35]：波隨機就是隨機而作，寂然至無，什麼都沒有，沒有人的自己，也沒有天地。根據《列子》〈黃帝〉，波隨機當有六處深淵[36]。濫水（泛湧的水）之淵，沃水（從

---

35 牟宗三因下文有「波隨」字立此爲「波隨機」，爲原文無，《才性與玄理》，（臺北：學生書局，1975），p.228。

36 嚴捷、嚴北溟《列子譯注》，（臺北：仰哲出版社，1987），p.43。

上澆注而下的水流）之淵，氿水（從側面湧出的水流）之淵，雍水（泛濫又被雍塞的水流）之淵，汧水（從地下冒出而後積止的水流）之淵，肥水（不同源而後合流的水）之淵，九淵占了六淵[37]，這也可以說明波隨機的重要。九的數字可以隨意，或示其多，前三重示相依陳壽昌意，可由淵名示意，可以比喻，但重要的是四機均發自深淵，所以寂然至無，始得深淵之本。

道即深淵，壺子是聖人、至人、眞人又是神人，立乎不測，游於無有（〈應帝王〉），既是無相，用心如鏡，只是隨順事之變（虛與委蛇）而變化，所以不但無相可得，而且隨跡映相，所以神相一看不但無相，又看到自己的臉相，是自己在照鏡子，嚇得落荒而逃。「不知其誰何」，因爲壺子根本不是人，乃神人也。

波隨機是隨機而作，只是隨順（弟靡）事之變而作，隨著生命的機遇而遊戲，如波之隨。成玄英注「本跡兩忘，動寂雙遣」。其實這就是即跡即冥，無跡可得，跡同時是冥化，故無跡。

壺子示相是示四機，可見莊子強調「機」的觀念。第一重「溼灰」是生死爲一體，第二重「天壤」是天機自張，第三重「太沖莫勝」是渾沌之道，生死平衡之機，第四重「未始出吾宗」是寂然至無之道，只是隨機而作。這四機均來自深淵，道即深淵之不可測，在大地上無形無跡的無有。

37　惟《淮南子》：「有九璇之淵。」許叔重云：「至深也。」則九淵亦爲一深淵之意。王叔岷《莊子校詮》，（臺北：商務印書館，1988），p.297。

第十一章　結　論

第一節　道與物之間

「道行之而成，物謂之而然。」（〈齊物論〉）道之「行」，當然是行於萬物，所以道只是萬物的動態，道就散開在多樣性的萬物之間，而不是在萬物之上復有一物曰道。道所表達的是萬物的變化、變易（行），由此變化、變易，即物「化」，而使萬物得成。而此變化、變易。首先產生道與物的差異，海德格稱爲「存有論差異」。物無非是在道的運行中得成以後，才有所謂物的顯現，這顯現是來自於道的運行；相對於顯現來說，道之運行又就正是隱蔽和不現。當物由道中顯現時，方可以去稱謂，稱謂之而成爲這個樣子；故言語總在乎物的顯現時，而落到物形的層次。

> 弟子問於莊子曰：「昨日山中之木，以不材得終其天年；今主人之雁，以不材死；先生將何處？」莊子笑曰：周將處乎材與不材之間。材與不材之間，似之而非也，故未免乎累。若夫乘道德而浮游則不然。无譽无訾，一龍一蛇，與時俱化，而无肯專爲；一上一下，以和爲量，浮遊乎萬物之祖；物物而不物於物，則胡可得而累邪！（〈山木〉）

　　「材與不材」只是就人間視萬物爲使用的材料這種態度，作比喻性的說法。若就山木之不材，故得以「終其天年」，而就雁之不材，是就雁之不能鳴，人無法賞玩之而說不材，但雁肉復又是得以爲烹肉之材，又不可免於爲材。故人間視萬物爲使用的材料這種態度不變，就只能處於「材與不材之間」，因爲材與不材「似之而非」，以「不材」遮撥或否定日常態度，只是類似而已，還不能眞正顯示道的運行、活動，故「未免乎累」。

　　從道的觀點，是「乘道德而浮遊」；就沒有人間在言語層次上的「譽」與「訾」，只是如「龍蛇」一樣屈伸自得[1]，與時間一起變化（與時俱化），而不肯「專爲」一物（或一物之道），能就道之運行於萬物之間，使萬物復各保其差異性，道就是此渾沌之「太和」。

　　得道的人（乘道德而浮遊），是與時間一起變化。在這裏，時間就是「時間的來到」，得道的人，隨順著時間的來到而變化，由此決定了得道人的命運，像（一龍一蛇）一樣屈伸變化，這「一」正是時間義，由時間的來到，得道人就有或龍或蛇的處境。所以「時間的來到」作爲「命運」，也正是道的「抵達開放」，這是道與時間的相互隸屬[2]。道的

1　陳壽昌輯《南華眞經正義》，（臺北：新天地書局，1972），p. 308。

2　海德格稱爲「調適事件」（Ereignis）。 Martin Heidgger, On Time and Being. Trans. by Joan Stanbaugh, （New York: Harper & Row, 1972），p.19.

「抵達而開放」，也正是「時間的來到」，這是道與時間的彼此決定，這是最原始的發生，是道的運行，也正是「萬物之祖」。所以使物成為物，使一切物化發生（物物），而不在物形的層次上，被物所牽引、限制甚至宰制（不物於物）。

> 精至於無倫，大至於不可圍，或之使，莫之為，未免於物而終以為過。或使則實，莫為則虛。有名有實，是物之居；無名無實，在物之虛。可言可意，言而愈疏。未生不可忌，已死不可徂。死生非遠也，理不可睹。或之使，莫之為，疑之所假。吾觀之本，其往無窮；吾求之末，其來無止。無窮無止，言之無也，與物同理；或使無為，言之本也，與物終始。道不可有，有不可無。道之為名，所假而行。或使莫為，在物一曲，夫胡為於大方？言而是，則終日言而盡道；言而不足，則終日言而盡物。道，物之極，言默不足以載；非言非默，議其有極。（〈則陽〉）

要敘述道的運動或活動，大小的兩端不足以決定，要說小就小到極點，要說大也大到極點。使之或莫為，這都不免是以人對萬物使用或不使用的態度來說道，這就「未免於物而終以為過」。當物在道中，由道的運行而顯現，萬物就可以使用，這是物之實處（或使則實）。但人在言語命名的力量，正可以命名萬物由道的運行而顯現，名可以相應於物之實，是「有名有實」，這是物的居所；而道之運行本身，是道的來到，這就「無名無實」了，只能在「物之虛」處活動。當然可以言說它或意會它，但越說就離之越遠。

道的來去，就像萬物有死生。道的來到，就像「突然而

生，不可禁忌」；道的離去，正如「忽然而死，有何礙阻」
[3]。萬物的生死，也正由於道的來到或離去而有，這離萬物
並不遠，只是無法瞭解來到或離去的原因（理不可睹）。所
以使用或是不去使用（莫為），這都是中心的疑惑所假借的
髣髴（疑之所假），故如材與不材之間的「未免乎累」了。

道「本」，是道的根源，在不盡地消逝，也正是不現；
道「末」，是道的端紀，正是不停地來到。在不盡地消逝時，道
是不盡地撤回自己，將自己隱蔽了。道末，是道不停地來到，解
蔽自己。道的隱蔽和解蔽中撤回最屬己的。」[4] 隱蔽狀態有
「撤回（道）最屬己的」之優先性在道的運行或活動之間，
正是「名實不入」的，只是道之往來的無窮無止，是「言之
無」的沒有言說，言說在此與物遵循相同的理，這理亦可以
說是一切萬物在一（理）中的通達結合，所謂「恢恑憰怪，
道通為一」（〈齊物論〉）。海德格強調邏各斯（Logos）是
在「存有物中的結合性（按即「道通為一」）」，亦說是「
可聽的」，[5] 莊子在〈齊物論〉中的「喪我」說人籟、地籟、
天籟，在〈人間世〉的「心齋」中說「無聽之以心，而聽之
以氣」而「氣也者，虛而待物者也。唯道集虛……」云云，
都視道為可聽的。至於以萬物為使用態度作參考點，「莫使」或

3　成玄英疏，見郭慶藩輯《莊子集釋》，（臺北：河洛出版社，
　　1974），p.918。

4　同註 2，p.22.

5　I.M.p.108.

「無為」，正是言說成立的根據，就落在萬物的層次，而「與物終始」了。

道不可落在以有即呈現的方式上，有即呈現的方式又不可沒有。在有即呈現的方式上，言說定然無法呈現道的隱蔽層次，但又不能沒有（言說的）有即呈現的層次。道的名言只能假借這裏進行。「或使」或「莫為」畢竟是落在物的層次上立說的，而只是偏於物（一曲），是無法參與大道（大方）的運行的。

「言而足」，則言是在道往來無窮無止的層次上，此時的言語如風之吹，如〈齊物論〉所說：「夫吹萬不同，而使其自己也。」言正相應於所言（道的運行）的未定，故言成為能指的無窮止的指涉，是「終日言而盡道」。「言而不足」，此時的言語非風之吹，只是在有即呈現的層次上進行，就只能談論萬物了。

道是物之虛，也是物之極，正是萬物各自歸根復命的無，是相對於物而說無，這是道與物的差異，言說僅能及於有即呈現，沈默僅能相應於無即隱蔽，這兩者將道與物裂開於對立的兩端，皆不足以承載道即差異本身的運行（言默不足以載）。人的一切議論，在二元對立的言說方式上是有極限的，只能憑藉二元對立的概念來進行。而道，實非離開萬物而別有一物曰道，實即是道即道與物的差異，要思考道，就是「從它與存有的差異，而思考它。」[6] 故物之虛就是道與物的差

6　I.M.p.62.

異，這正是道之運行處。進一步說，道即此差異的活動，莊子以風表達此差異的活動，是「夫吹萬不同」（〈齊物論〉），而是萬物皆有不同的，道與物的差異的活動，而「怒者其誰邪」（同上）表示風是無有的，只是萬物之自化。

第二節　結　論

本書將莊子義理系統與西方四大家相比較會通，是屬大系統的掃描，將各層面的義理加以衡定。對莊子的論述以人道、物道、技藝之道、語言之道、天地之道、聖人之道六層面爲主。

在人道上一般莊子詮釋均能注意莊子心齋、坐忘的喪我工夫，但未能設想人生在世的存有論結構，致在道家實踐工夫後的朝徹、見獨，也難以有存有論式的說明，祇籠統地成爲一境界。

在物道上，莊子與老子相同，是從人與人靠之生活的物，簡單的工具，由此可以產生一種技術關係。莊子以此爲對萬物的使用的基本日常態度，故強調「不材」；並說明萬物的存有論結構，是返於物之虛，即物物。

在技藝之道上，一般未能注意到技術與技藝的區分，就未能注意到莊子正以手的具體認知模式突破一般言說以意識爲中心的思考方式。而強調由技入道，是要相應於物以自己的方式安立，使工具能於物之虛。一般較局限於觀賞的藝術境界來談技藝，較忽略其核心問題。

在語言之道上，本書徹底地自西方當代思想展開討論語

言的限制（語言的工具觀），對語言的道、意、言、辯層次釐清分際，辯破二元的對立思考方式。又說明莊子以寓言為基本寫作技巧，目的是達到卮言的寫作技藝。一般較未清楚說明其層次。

在天地之道上，很少能注意到莊子所說的大地層次，這是道家談論道之隱蔽的根本隱喻，更未及於注意到莊子的風實即代表道的運動，而以風的無有，說萬物的自化。

在聖人之道上，本書以時與命、德與形的結構清晰說明聖人與道的關係，表明天人之間，更將壺子示相內含的問題，清晰展示。

本書的結構，相應於各層義理的推論展開，希望能將莊子詮釋推展到「當代新莊子」的視野。

參考書目

中文書目

（漢）司馬遷：《史記》，（臺北：成偉出版社，1975）。

（晉）王　弼：《老子註》，（臺北：藝文印書館，1975）。

（宋）洪興祖：《楚辭補注》，（臺北：天工書局，1994）。

（明）焦　竑：《莊子翼》，（臺北：廣文書局，1979）。

（清）王夫之：《莊子通・莊子解》，（臺北：里仁書局，
　　　　1984）。

（清）王先謙：《莊子集解》，（臺北：三民書局，1974）。

（清）宣　穎：《莊子南華經解》，（臺北：宏業書局，
　　　　1977）。

（清）郭慶藩輯：《莊子集釋》，（臺北：河洛出版社，
　　　　1974）。

（清）陳壽昌輯：《南華真經正義》，（臺北：新天地書局，
　　　　1972）。

（清）釋德清：《莊子內篇注》，（臺北：廣文書局，1973）。

方東美：《中國哲學之精神及其發展》，孫智燊譯，（臺北：成
　　　　均出版社，1984）。

　─　：《原始儒家道家哲學》，（臺北：黎明文化公司，
　　　　1983）。

王邦雄：《莊子道》，（臺北：漢藝色研所，1993）。

王叔岷：《莊子校詮》，（臺北：國立編譯館，1988）。

王　煜：《老莊思想論集》，（臺北：聯經出版出公司，
　　　　1979）。

江　瑔：《讀子卮言》，（臺北：成偉出版社，1975）。

牟宗三：《才性與玄理》，（臺北：學生書局，1983）。

　—　：《中國哲學十九講》，（臺北：學生書局，1983）。

　—　：《理則學》，（臺北：正中書局，1955）。

　—　：《現象與物自身》，（臺北：學生書局，1975）。

　—　：《智的直覺與中國哲學》，（臺北：商務印書館，
　　　　1969）。

沈清松：《現代哲學論衡》，（臺北：黎明文化公司，1985）。

李　杜：《中西哲學思想中的天道與上帝》，（臺北：聯經
　　　　出版公司，1978）。

高　亨：《莊子今箋》，（臺北：中華書局，1973）。

唐君毅：《中國哲學原論　原性篇》，（香港：新亞研究所，
　　　　1968）。

　—　：《中國哲學原論　原道篇》，（香港：新亞書院研
　　　　究所，1973）。

　—　：《中國哲學原論　導論篇》，（臺北：學生書局，
　　　　1986）。

　—　：《生命存在與心靈境界》，（臺北：學生書局，
　　　　1977）。

　—　：《哲學概論》，（臺北：學生書局，1975）。

徐復觀：《中國人性論史》，（臺北：商務印書館，1969）。

　—　：《中國藝術精神》，（臺北：學生書局，1966）。

陳榮灼：《現代與後現代之間》，（臺北：時報出版社，

1992）。

陳鼓應：《老莊新論》，（臺北：五南圖書公司，1993）。

　　— ：《莊子哲學》，（臺北：商務印書館，1985）。

張默生：《莊子新譯》，（臺北：時代書局，1975）。

馮友蘭：《中國哲學史》，出版時地不詳。

勞思光：《新編中國哲學史》，（臺北：三民書局，1981）。

鄔昆如：《莊子與古希臘哲學中的道》，（臺北：中華書局，1972）。

傅偉勳：《學問的生命與生命的學問》，（臺北：正中書局，1994）。

　　— ：《從西方哲學到禪佛教》，（臺北：東大圖書公司，1986）。

趙衛民：《老子的道》，（臺北：幼獅出版公司，1994）。

　　— ：《尼采的生命哲學》，（臺北：幼獅出版公司，1995）。

葉維廉：《歷史、傳釋與美學》，（臺北：東大圖書公司，1988）。

熊十力：《十力語要》，（臺北：廣文書局，1974）。

　　— ：《讀經釋要》，（臺北：廣文書局，1960）。

鄭樹森編：《現象學與文學批評》，（臺北：東大圖書公司，1984）。

蔡仁厚：《中國哲學史大綱》，（臺北：學生書局，1988）。

潘栢世編：《老子集注》，（臺北：龍田出版社，1977）。

錢　穆：《中國思想史》，（臺北：學生書局，1980）。

　　— ：《莊子纂箋》，（臺北：東大圖書公司，1985）。

嚴捷、嚴北溟：《列子譯注》，（臺北：仰哲出版社，1987）。

英文書目

Allison, David B. ed. The New Nietzsche. (New York: Dell, 1977) .

Chan, Wing-Cheuk. Heidegger and Chinese Philosophy. (Taipei: Yeh-Yeh, 1986) .

Derrida, Jacques. Margins of Philosophy. Trans. by Alan Bass, (U. S. A.: The Univ. of Chicago. 1982) .

— . Of Grammatology. Trans. by G. C. Spivak, (London: The John Hopkins Univ., 1974) .

— . Posititons. Trans. by Alan Bass. (U.S.A.: The Univ. of Chicago, 1981) .

Dreyfus, Hubert. Being-in-the-World. (Massachusetts: Massachusetts Institute of Techonology, 1992) .

— . ed., Heidegger: A Critical Reader. (Illinois: Black-well, 1992) .

Edward, James. The Authority of Language. (Tampa: South Florida Univ., 1990) .

Ferry, Luc, & Renaut, Alan. French Philosophy of the Sixties. Trans. by Mary H.S. Cattani, (Amerst: The Univ of Massachusetts, 1990) .

Gadamer, Hans-George. Philosophical Hermeneutics. Trans. by David E Linge. (Berkeley: The Univ of Californis, 1976) .

Haar, Michel. The Song of the Earth. Trans. by Reginald Lilly. (Bloominton: Indiana Univ, 1985).

Heidegger, Martin. The Basic Problem of Phenomenology. Trans. by Albert Hofstader. (Bloomington: Indiana Univ. 1982).

— . Basic Writings. Edited by David Farrel Krell, (New York: Harper & Row, 1977).

— . Being and Time. Trans. by Macquarrie and Edward Robinson. (Bloominton: Hapraper & Row, 1962. Indiana Univ., 1993).

— . The Essence of Reasons. Trans. by Ferrence Malick. (Evanston, Northwestern Univ., 1995).

— . History of the Concept of Time. Trans. by Theodore Kisiel, (Bloomington: Indiana Univ. 1985).

— . Identity and Difference. Trans. by John Stanbauch, (New York: Harper & Row, 1969).

— . An Introduction of Metaphysics. Trans. by Ralph Manheim, (New York: Doubleday & Company, 1967).

— . On the Way to Language. Trans. by Peter D. Hertz (SanFrancisco: Harper & Row, 1971).

— . The Metaphysical Foundation of Logic. Trans. by Michael Heim. (Bloomington: Indiana Univ., 1987).

— . Nietzsche: The Eternal Recurrence of the Same. (San Fronciseco: Harper & Row, 1984).

—— . Poetry, Language, Thought. Trans. by Albert Hof-
    stader, (New York: Harper & Row, 1975) .

—— .On time and Being, Trans. by John Stanbaugh, (
    New York: Harper and Row, 1972) .

—— . The Way Back into the Ground of Metaphysics.
    Trans. by Walter Kaufman, In Existentialism from
    Dostoevsky to Sarte. (Cleveland: Meridian Books,
    1956) .

—— . What is Called Thinking? Trans. by Glen Gray, (
    New York: Harper & Row, 1968) .

Husserl, Edmund. Cartesian Meditation. Trans. by Dorion
    Cairns. (Netherland: Martinus Nijhoff, 1973) .

—— . Phenomenology and the Crisis of Philosophy. Trans
    by Quentin Lauer, (Evanston: Harper & Row,
    1965) .

—— . Idea I. Trans. by F. Kersten. (Boston: Martinus
    Nijhoff, 1982) .

Kant, Immanuel. Critique of Judgement. Trans. by J. H.
    Bernard (U. S. A.: Macmillan & Co. 1982) .

Kohak, Erazin. Idea and Experience. (Chicago: The Univ.
    of Chicago, 1978) .

Krell, David B. & Wood, David. ed. Exceedinly Nietzsche.
    (London: Routledge, 1988) .

Lyotard, Jean-Francois. Phenomenology. Trans. by Brian
    Beakley, (U.S.A.: State Univ. of New York, 1986) .

Megill, Allan. Prophets of Extremity. (Berkeley: Univ of California, 1985) .

Merleau-Ponty, Maurice, The Primacy of Percetption. Edited by James. M. Edie. (U.S.A.: Northwestern Univ. 1964) .

Nietzsche, Friedrich. The Birth of Tragedy. Trans. by Walter Kaufmen. (New York: Random House, 1967) .

— . The Case of Wagner. Trans. by Walter Kaufman, (New York: Random House, 1967) .

— . Toward a Genealogy of Morals In The Philosophy of Nietzsche. (New York: Random House) .

— . The Twilight of the Idoles. Trans by R. J. Hollingdale, (New York: Penguin Group, 1968) .

— . The Will to Power. Trans. by Walter Kaufman, (New York: Random House, 1968) .

Schrag, Calvin O. Experience and Being. (Evanston: Northwestern Univ., 1969) .

Schutz, Alfred. On Phenomenology and Social Relations. (Chicago: The Univ. of Chicago, 1970) .

Smith, David Woodruff & McIntyre Renald. Husserl and Intentionality. (Boston: D. Reidel, 1982) .

Stern, J.P. Nietzsche. (Great Britain: Fontana, 1978) .

Sturrock, John ed. Structuralism and Since. (New York: Oxford Univ., 1979) .

Theunissen, Michael. The Other. Trans. by Christopher

Macann, (Cambridge: Massachusetts Institute of Technology, 1977) .

Vattimo, Gianni. The End of Modernity. (Cambridge: Polity press, 1988) .

Werner, Marx. Heidegger and the Tradition. Trans. by Theodore Kisisel and Murray Greene. (Evanston: Northwestern Univ , 1971) .

Zhang, Longxi. The Tao and the Logos. (Durhom: Duke University, 1992) .